Christoph Ernst Prediger

Der in aller heut zu Tage üblichen Arbeit

wohl anweisende akkurate Buchbinder und Futteralmacher

Christoph Ernst Prediger

Der in aller heut zu Tage üblichen Arbeit
wohl anweisende akkurate Buchbinder und Futteralmacher

ISBN/EAN: 9783743477421

Hergestellt in Europa, USA, Kanada, Australien, Japan

Cover: Foto ©ninafisch / pixelio.de

Weitere Bücher finden Sie auf **www.hansebooks.com**

Der
in aller heut zu Tag üblichen Arbeit
wohl anweisende accurate

Buchbinder

und

Futteralmacher,

welcher lehret,

wie nicht nur ein Buch auf das netteste zu verfertigen, sondern auch wie solches seine gebührende
Dauer hält, absonderlich wie es in den Stand zu bringen, daß die so schädlichen Würme solches unangetastet laßen,
und wo sie auch wirklich in Bibliothecken allschon eingeni-
stet haben, zu verweisen sind;

überdies zeiget,

wie alle Farben auf Leder und Pergament anzusetzen,
auch wie solches zu vergulden, dann in welcher Ordnung die
Stempfel zu setzen, und die Filleten-Riße zu verfertigen, ferner wie
die Franzosen ihre Bände machen, ingleichen wie die Futterale einzurichten, und endlich wie die Lack und Fürnisse am sichersten und
geschwindesten zu präpariren sind.

alles aufrichtig entdecket, beschrieben, und mit den
nöthigsten Kupfern versehen,
durch
Christoph Ernst Prediger.
Buchbinder in Anspach.

Anspach,
zu finden in der Poschischen Hofbuchhandlung, 1772.

Denen
Wohl-Edel
und
Kunsterfahrnen Herren
HERREN
Meistern
und
Gesellen
Einer Löblichen
Buchbinder-Profeßion.

Wohledle und Kunſterfahrne
Inſonders ·
Geehrte Herren!

Ihnen überreiche hiemit dieſe wenige Blätter, mit dienſtlicher
Bitte, mir nicht übel zu neh-
men, daß ich ſo frey und fidel entdecke,
was andere bisher mit ſo vieler Sorg-
falt und Précaution ſo verſchwiegen gehalten, als wozu Urſach genug zu haben
vermeine, wann ich ponderire, wie jäm-
merlich manch ſchönes Buch von einem

inha-

inhabil, und seiner Profeßion nicht mäch-
tigen Buchbinder verstümpelt und verdorben worden.

Solche Leute sind sehr zu bedauern,
welche zwar eine Profeßion erlernet,
aber, zu ihrem Unglück, einen solchen
Meister gehabt haben, welcher seine
Jungen zu nichts anders, als zu dem
Falsen und Heften gebrauchet, daher sie
dann ohne erlangtes Fundament in die
Fremde kommen, und also in der zehen-
den, ja hundertsten Werkstatt nicht zu
gebrauchen sind: arbeiten sie in einer
Werkstatt vierzehn Tage, so müssen sie
wieder fort, mithin können sie nimmermehr etwas lernen, und bleiben lebens-
lang miserable Buchbinder. Dieses
ist die erste Gattung.

Die zweyte Gattung von üblen
Buchbindern, sind solche Leute, die
zwar hie und da etwas abgesehen, aber
doch

doch keinen rechten Begriff oder Grund von der Sache capiret haben, mithin öfters, nach dem gemeinen Sprüch- wort, der Ochs hinter den Wagen ge- spannet worden.

Die dritte Art kan zwar etwas ma- chen, und hat recht gute Experience in ihrer Profeßion, ist aber dabey so heim- lich, daß sie ihrem Nebenmenschen nichts wenigers als einen Kunstgriff, Vortheil oder Avantage weisen wollen. Gehet es an die Farben oder Fürniß, so ist gar keine Hofnung, daß jemand von ihnen etwas erlernen kan; Dahero nicht zu wundern, daß es so viele üble Meister und Gesellen gibt.

Es könnte mir zwar opponiret wer- den, durch solche allzufreye Entdeckung gäbe ich Anlaß, daß in der Profeßion die sogenannte Pfuscherey noch mehr einreissen und sich weiter ausbreiten könnte, als es bis dato allschon geschehen. Ich gebe aber zur Antwort: wie zwar nicht zu negiren, daß hier und dar solche miserable Kerls sich befinden, allein weilen sie meistens arme Tropfen, mithin nicht im Stande sind, sich einen rechten Handwerkszeug anzuschaffen; so ist sich auch vor ihnen wenig oder gar nicht zu fürchten: Entgegen ist die Zahl von Meister und Gesellen unendlich größer, welche nicht viel wissen, und denen Leuten ihre Bücher schänden und verderben. Es können auch diejenige HHrn. Meister, so Jungen lernen, dieses Werklein am füglichsten gebrauchen, angesehen, wann sie denen Jungen diesen meinen Tractat zu lesen anbefehlen wollen, sie von vieler Mühe in der Unterweisung liberiret bleiben können.

Verhoffe also eine Wohl-Edle und Kunsterfahrne Meisterschaft, daferne sie ihre Kunst recht gründlich verstehen, wer-

den

den mir noch Obligation haben, daß diese Bögen dem Druck übergeben, weil die noch nicht recht experimentirte Gesellen sich bessern können, und ehender zu gebrauchen, die Jungen aber leichter zu lernen sind, wie dann auch dieienige, so noch Fehler an ihnen wissen, sich dieses Werkleins wohl zu Nutz machen können, und sich sicher auf mich verlassen dörfen. Wollen sie aber noch mehrere Einsicht haben, so in die Buchbinder-Profeßion schläget, so versichere, daß mein zweyter Theil alle erwünschte Satisfaction geben wird.

Es ist zwar schon ein Octav vom Buchbinden, unter dem Titul: Zeidlers Buchbinders Philosophia, heraus. Es hätte aber der Herr Autor nicht anführen dörfen, daß er kein gelernter Buchbinder sey, weilen es sein Portrag zur Genüge verificiret, und ist sicher zu schliessen, daß der unbenannte Anmerkungen Verfertiger

ger darüber, indeme er solches Werklein approbiret, nur scoptisiren und Herrn Zeidlern railliren wollen. Ich empfehle mich übrigens zu geneigten Wohlwollen, und verbleibe.

Meiner geehrten Herren

Anspach, geschrieben am Tag Andreä, den 30. Nov. 1740.

aufrichtiger

Christoph Ernst Prediger.

Vor:

Vorrede.

Geneigter Leser!

Daß das Bücherbinden ohngleich älter, als die Buchdruckers-kunst sey, wird wohl niemand, wer nur ein wenig in der Historie bewandert ist, zu läugnen vermögen, indeme leztere erst gegen die Mitte des 15. Seculi in Teuschland erfunden worden, wie aus Trithem. Annal. Hirsaugiens. ad Annum 1450. & Struvii introductione ad notitiam rei literariae Cap. XI. zu ersehen, dahingegen zeiget dieser Leztere ibidem in Cap. II. §. 11. & seqq. daß die Aegyptier, Perser, Griechen, Juden und Römer lange vor- um- und nach Christi Geburt die aller auserlesenste und zahlreicheste Bibliothecken von geschriebenen Büchern gehabt haben: wie dann der Prediger Salomon im 12. Capitel und dessen 12. Vers von der Hebräer Gewohnheit und Begierde viele Bücher zu schreiben, Erwehnung thut. Ja der sonst gelehrte Materus gedenket und suchet

)(

chet

chet in der seinem Tractat de Scriptis &
Bibliothecis antediluvianis prämittirten
Praefation zu behaupten, daß allbereits
vor der Sündfluth Bibliothecken gewesen wären; welcher Meinung auch schon
vor Madero der Capuciner-Mönch Ja-
cobus Boulduccius in seinem Buche, de
ecclesia ante legem und Angelus Rocca
in Appendice ad descriptionem Biblio-
thecae Vaticanae pag. 384. beygethan
waren. Wiewohl der Welt-berühmte
Petrus Lambecius, in rei literariae pro-
dromo, diesem widerspricht und zu behaupten suchet, daß Moses, der älteste
Scribent, und vor ihme eben so wenig
ein geschriebenes Buch, als noch viel
weniger ganze aus vielen Büchern be-
stehende Bibliothecken anzutreffen gewesen seyn. Diesem sey nun, wie ihm wolle, so verhoffe jedennoch in vorhergeyen-
dem das allergraueste Alterthum von
Büchern und Bibliothecken sattsam er-
wiesen zu haben.

Sind nun aber damahlen schon Bücher gewesen, und hieraus Bibliothecken
als eine in Ordnung gebrachte Samm-
lung von vielen Büchern, entstanden, so
läßt sich ganz vernünftig folgern, daß
auch

auch das Bücherbinden nicht ganz ohn-
bekannt gewesen seyn müsse. Nur kommt
es hierbey darauf an, ob zur selbigen
Zeit diese Wissenschaft sich in eben solcher
Einrichtung und Vollkommenheit, als sie
dermahlen beschaffen ist, befunden habe?
Welches zu behaupten dann um so mehrers verwegen genennet werden müßte,
je mehr die Historien und selbst die Vernunft lehret, daß alle und jede Künste
und Wissenschaften, folglich auch das
Bücher-Binden, keinesweges gleich vom
Anfang in einer Vollkommenheit gestanden sind, vielmehr solche erst nach und
nach erlangen haben müssen: Dieses läßt
sich auch bey gegenwärtiger Buchbin-
dersprofeßion desto sicherer sagen, in Ansehung dieselbe, vor Ausgang des 15.
Seculi durchaus nicht ein besonderes Gewerbe gewesen, vielmehr nur von denen
Bücherabschreibern und sonderlich bey
Anwachsung der Christlichen Religion,
in denen erstern und mittlern Jahrhun-
derten, von denen Mönchen um so mehrers als ein Nebenwerk tractirt worden
ist, Conf. Elias Serratus in Tract. de
succeßivis incrementis subsidiorum rei
literariae Cap. V. §. IV. je mehr zur sel-

bigen

bigen Zeit, ausser grossen Herren, sich
sehr wenige Personen Bücher, gar keine
privati aber ganze Bibliothecken anzuschaffen vermogten, weilen alles entweder auf Häute, oder Pergament, oder
auf noch kostbarere Substanzien geschrieben worden, und eben dahero das Bü-
cheranschaffen sehr kostbar fallen mußte,
wobey es dann freylich nicht so vieles zu
arbeiten gesetzet, daß sich ganze Gewer-
ber darvon hätten ernähren können.
Bevorab in denen Zeiten bey- und vor
Christi Geburt die Art zu binden weit
leichter, als die nachfolgend- sonderlich
aber die heutige war, anerwogen die Bücher, so nicht in steinern- oder hölzernen,
oder aber aerzenen Taffeln bestunden,
blose lange Pergamenthäute waren, welche am obersten Theil an ein Holz oder
dergleichen anderes bevestiget, und hier-
um aufgerollet wurden, vid. iam citatus
Maderus de Bibl. antedil. & Lomeier.
de Biblioth. eben um deswillen dorten
in der Offenbahrung Johannis im 5.
Cap. Vers 14. figurlich stehet: Und
der Himmel entwich wie ein eingewickelt Buch. Ob nun schon in denen
neuern Zeiten, und nachdeme durch die
erfun-

erfundene Buchdruckerey die Bücher ge-
meiner worden, und in iedermanns Hände gerathen sind, die Buchbindersarbeit
angewachsen, und Personen, welche sich
darauf besonders applicirten, und selbige
zu ihrem eigentlichen Gewerbe auserwäl-
ten, erfordern, folglich auch dieser Arbeit Verbesserung erfolgen mußte; So
ist jedennoch immerzu noch vieles zur
Abänder- und Ausbesserung vor die
Nachwelt übrig geblieben. Denn als
die Alten im 15. und 16. Seculo gesehen
und erkannt haben, daß die uhralte Bände von dicken Brettern, Schweinsleder
und meßingen- oder eysernen Beschlägen
den Gebrauch eines Buches nicht wenig
erschwerten, indeme offtermahlen ein dergleichen Foliante kaum von einem Man-
ne zu erheben war, so haben dieselbe diesem Gebrechen dardurch abzuhelffen ver-
meint, indeme sie gar keine Steiffung in
die Deckel gethan, sondern nur das blose
Pergament darum gemachet. Alleine
auch dieses war von einer Extremität auf
die andere verfallen, indeme diese leztere
Bände in sehr kurzer Zeit unförmlich
und schadhaft wurden, dahingegen die
erstere fast eine ewige Dauer hatten. Im-
massen

maſſen ich ſelbſten dergleichen Band mit
meinen Augen geſehen, welches eine in
allhieſig-Hoch-Fürſtlichen Brandenb.
Anſpachiſchen Archiv befindliche und auf
Pergament geſchriebene ſehr groſſe Bibel
iſt, welche im II. Seculo in weiß
Schweinleder gebunden, und mit einem
gleichen Rücken ſehr accurat eingeſchnü-
ret, folglich nicht geheftet, ſondern mit
lauter Riemlein an dem Rücken veſt angebunden, im übrigen ihrer groſſen Dauer
halber faſt noch ganz unſchadhaft iſt,
wie von dieſer Bibel unſer ſeelig verſtor-
bener Herr General-Superintendent und
Hof-Prediger Staudacher in der Vorrede ſeiner 1735. zu Roth im Druck he-
rausgegebenen und von mir verlegt wor-
denen Handbibel Meldung gethan hat.

Gleichwie nun aber dieſe Art zu binden, und da alle Bogen ganz geheftet
und umſchlungen werden müſſen, ſehr
mühſam und Zeit-verſplitterig ware;
alſo konnte es nicht anders ſeyn, als daß
die Arbeit weit höher dann heutiges Ta-
ges bezahlt werden müſſen: Geſtalten
ich in Frankfurt am Mayn ein altes Con-
to von 1482. geſehen, worinnen ein Oc-
tavband um I. fl. ein Foliante aber pro
4. fl.

4. fl. angefetzet worden: desgleichen be-
fitze ich einen alten in Schweinsleder ge-
bundenen, und mit Ecken fleißig beschla-
genen Quartband von ordinairen Format, worinnen, unter gleichmäßiger
Beyrückung des Jahrganges, der Preiß
des Bandes mit 1. fl. 30. kr. angezeich-
net befindlich ist.

Von Französich- und Englischen Bänden hat man in denen damahligen Zeiten
gar nichts gewust, sondern solche allererst
vor ohngefähr 140. Jahren erfunden.
Dahergegen ist beyden solchen Gebrechen
durch die heutige Art und Weise zu binden, genugsam begegnet und abgeholffen
worden, massen ein geschickter Meister
anjetzo ein Buch nicht nur eben so ordentlich und dauerhaft, wie die alten, sondern
auch zum Gebrauch weit bequemer und
säuberer, dann über dieses ohngleich wol-
feiler zu verfertigen vermag, wie dieses
der Augenschein und die alltägliche Erfahrung am besten bewähren kann.

Alldieweilen nun aber eben nicht ein
jedweder dasjenige, was zu einem geschick-
ten Meister erfordert wird, in seinen Lehr-
und Wanderjahren profitiret und erlernet, vielmehr eben sowohl die Meister,
als wohlen die Gesellen den größten Theil
ihres

ihres von guter Bindung eines Buches er-
haltenen Begriffes verheimlichen, und
vor ihre Gesellen und Jungen als die größ-
te Arcana verbergen, wohl folglich denen-
selben weiter nichts, als die allgemeine
Grundregeln und Handgriffe beybringen,
wie in vorstehender Dedication bereits
umständlicher angemerket worden ist.
Woher es dann kommen muß, daß unter
denen Meistern um so mehrers viele
Stümpler angetroffen werden, je weniger
ein solcher in den Meisterstand sich einmahl begebener Mensch weitere Gelegenheit hat, den grossen Abgang seiner an sich
unumgänglich nöthigen Wissenschaft zu
ersetzen und nachzuholen; Solchem-
nach habe ich mich entschlossen, in dem
hiermit an das Licht trettendem Tractät-
lein eben sowolen vorbemeldten noch ohn-
geübten iungen Meistern, alswohlen Gesellen und Lehrlingen der Buchbinders-
profeßion einen ob zwar nicht ganz-jeden-
noch ziemlich vollständigen Unterricht zu
ertheilen; welchen ein iedweder zu seinem
besten Nutzen gebrauchen und der hierbey
geführten redlich- und Christl. Absicht halber, geneigt verbleiben wolle dem

Verfasser.
Nom

Vom Planiren.

Ein Buch bestehet bekannter massen aus vielen Bögen, welche nach Beschaffenheit der Grösse des Formats, durch den Buchbinder, in einen bequemen Band dauerhafft und sauber, zum compendiösen Gebrauch, zubereitet werden.

Weilen aber solche Bücher meistens unplanirt (wie der Handwercks-Terminus lautet) sich befinden; So ist nöthig, daß, damit auch in diesen Stücken das Buch durch des Buchbinders Fleiß und Geschicklichkeit mehrere Dauerhafftigkeit bekommet, es durch ein zubereitetes Leim-Wasser gezogen, und wann es anderst die Zeit leidet, zuvor fleißig collationirt werde; geschiehet dieses nicht, so paßirt es öfters, daß das Planiren, aus dem Fals schlagen, und falsen, zumahlen wann der Defect nicht mehr zu haben ist, von dem Buchbinder umsonst geschehen muß.

Befindet ſich nun das Buch von einem ſolchen
Pappier, daß, in ſobald man es, der Gewohnheit
nach benetzet, es ſogleich durchflieſet, ſo muß es,
wann es anderſt bezahlt wird, planirt werden.

Vom Leim-Waſſer.

Zum Leim-Waſſer wird genommen Leim in
natura, oder Pergament-Späne von Pergament, wie auch das ſogenannte Leim-Leder von
Weißgerbern, ja auch gar von Riemer und
Sattlern die Abgänge vom weißen Alaun-Le-
der, welche wohl geſotten werden müſſen: hauptſächlich aber iſt darauf zu ſehen, daß das Leim-
Waſſer ſchön hell darbereitet wird, damit durch
den Unrath die Bücher nicht beflecket werden
mögen, indeme es geſchiehet, wann etwas unſau-
beres ſich im Leim-Leder befindet, daß es die
Bögen zuſammen pappet, und ſodann im Aufheben die Buchſtaben abſchehlet, mithin der
Druck nicht mehr zu leſen iſt, oder es werden
die Bögen gar zerriſſen, und dadurch das Buch
defect gemachet.

Deme aber allen vorzukommen, muß du dich
befleißigen, das Waſſer rein zum Gebrauch dar-
zubringen, nach Beſchaffenheit der Stärke des
Leim-Waſſers: Es mag auch von was es wolle,
zubereitet ſeyn, ſo muß es mit warmen Waſſer ge-
ſchwä-

ſchwächet werden, und kan die Prob alſo genommen werden: Wann das Waſſer durch ein Tuch
vom Sudt weg in eine Mulder, oder darzu gemachte Brändten, geſeyhet worden, ſo wird es
mit ein paar Tropffen auf der Hand probirt,
ziehet es die Haut wie ein dünner Leim an, muß
es gleichfalls mit warmen Waſſer dünner ge-
macht- und geſchwächet werden, doch ſo, daß es
fernerhin die Haut beeder Hände wohl anziehet,
nicht ſo ſtark aber daß einige Klebung zu beſor-
gen iſt. Wann es abgeſeyhet, ſo wird klein ge-
ſtoſſener Alaun darein gethan, nach Proportion
der Quantität des Waſſers. Ich meines Orts
halte davor, zu einem Pfund Leim iſt genug ein
Viertel Pfund Alaun zu nehmen, wobey aber
dieſes zu erinnern habe, daß wann das Waſſer
allzudünn gemachet worden, es mit Verdopp-
lung des Alauns ziemlich zum Halten kann ge-
gezwungen werden.

Wann nun das Waſſer, nachdeme der Alaun
darein gethan, und ein wenig umgerühret worden,
ein paar Minuten geſtanden, ſo gibt es oben gerne einen Faum, oder zuweilen Schleim, welcher
dann auf das ſorgfältigſte muß abgeſaumet werden, dann dieſes iſt eben die Materie, die öffters
Flecken, ja gar Zuſammenpappung des Pappiers,
und den völligen Verderb der Bücher verurſachet hat: ſodann wird das Pappier, welches ſoll
planirt werden, 5. biß 6. Bögen auf einmal, ſo
es Bogen-weiß von der Lage zuvor ausgezogen,

in das bereitete Waſſer gedunket, ſodann auf ein
Bret auf Maculatur gelegt; auf 5. oder 6. ein-
gedunckte Bögen, werden wieder 2. trockene,
und dann wieder 5. biß 6. eingedunkte Bögen,
aber ja wohl gleich darauf gelegt, und damit ſo
lange continuiret biß daß, was ſolle planirt werden alle iſt. Hernach wird Maculatur und ein
Bret darauf geleget, und wohl mit 2. Preſſen
ausgepreſſet. Einige ziehen die Bogen gar nicht
aus der Lage, ſondern planiren die völlige Lage
in ganzen- und aufgemachten Bögen, welches
auch eine gute Zeit im Ausziehen und Aufmachen
erſpahret. Wer aber mit ſo groſſen Brettern,
und ſonſten nicht eingerichtet iſt, kan ſich erſterer
Methode füglicher bedienen, doch laſſe ich einen
jeglichen bey ſeiner Gewohnheit.

Wann es nun ausgepreſſet, daß kein Waſſer
mehr lauft, ſo wird es ausgepreſſet, und zum
Trocknen aufgehänget, worzu ein Creutz am füg-
lichſten, wie faſt jedermann, der von der Profeſ-
ſion dependiret, bekannt iſt. Haſt du nun die
Thorheit begangen, und dem Leim-Waſſer nicht
gebührend nachgeſehen, daß dein planirtes Buch
im Aufhänken klebet, ſo iſt guter Rath theuer.
Iſt der Fehler darinnen, daß das Waſſer zu
ſtark geweſen, ſo hat es eben nicht ſo viel zu bedeuten, dann es wird ins warme Waſſer gedunket, welches die Klebung ſchwächet, darauf wieder ausgepreſſet und aufgehänget: Kommt aber
die Klebung von dem obgedachten Schaum her,
ſo iſt ſchwer zu helffen, ja es iſt ſchon geſchehen,

daß

daß alles darüber in Stücken gegangen. Probire es, weich es gleich in ein warmes Wasser, wann es noch nicht helffen will, so ist kein besseres Mittel, dann du thuest es ganz gelind voneinander, und wo du merkest, daß es klebet, muß mit einem guten Messer nachgeholffen werden, siehe aber wohl zu, daß die Buchstaben nicht lädirt werden: Den sich darzwischen befindenden Faum wasche mit einem Schwammen sauber und gelind ab, und seye ein andermahl mit dem Leim-Wasser vorsichtiger.

Vom Auffmachen.

Wann es trocken, wird es ordentlich zusammen geschoben, und wohl darauf gesehen, daß es nicht unordentlich untereinander kommt, sonsten es viele Confusion verursachet.

Ein vernünftiger Buchbinder präget dieses seinen Leuten zur Genüge ein, damit im Ausziehen und Abthun von Stricken keine Unordnung vorgehet, dann der Verlust der Zeit, so mit Zusammenglaubung eines in Confusion gerathenen Buchs vertragen wird, hafftet an niemand als an dem Buchbinder. Ist also zu rathen, wann ein Buch ausgezogen wird, daß man allezeit die Signatur observiret, und der Titul oder Buchstab, so alleine stehet, jederzeit auf dem Tisch zur linken

A 3 ken

len Hand zu liegen kommen möge, so kann es
nicht unordentlich kommen. Wann es nun ordentlich von Stricken abgethan, so werden Bogen vor Bogen aufgemacht, und die hintern
Fälse wohl ausgestrichen. Findet sich nun ein
eingeschlagenes Eck, oder sonsten eine Runzel im
Bogen, so wird es sauber den andern gleich gemacht, und wann es so nicht bleiben will, mit
einem Fals-Bein ausgestrichen;

Vom Schlagen aus dem Fals.

Ist nun alles aufgemacht, so wird es ordentlich gleich gestossen, und etwann 3. biß 4.
quer-Finger dicke Lagen gemachet, und aus
dem Fals geschlagen; dabey ist nun zu beobachten, daß jeder Ort im Bogen so viele Streich
bekomme, als der andere, welches am füglichsten geschehen kan, wann man in der Mitten
den Fals hinauf schläget, einen Hammerstreich
an andern führet, und sodann in der Quer fort,
biß der ganze Bogen überschlagen ist, dann
wird es umgekehret, und eben so getroffen, wie
auf der ersten Seiten, ausser daß nicht in der
Mitten angefangen wird. Solle das Buch wohl
geschlagen werden, so wird dieses Umwenden
und schlagen öffters continuiret, hauptsächlich
dienet

dienet dieses zur Nachricht: daß derjenige so ein
Buch schläget, sich dahin bestreben solle, daß ein
Streich wie der andere in gleichen Kräfften geführet werde, dann wann einmal ein Streich
hart, das andremal aber gelind geführet wird,
so ist es nicht zu wundern, daß das Buch ungleich geschlagen, mithin runzlicht wird.

Noch eins habe zu erinnern, ehe du ein Buch
aus dem Fals schlägest, so siehe dich vorhero wohl
um, nach der Jahrzahl, ob es nicht neu gedruckt
worden, der Geruch der Buchdrucker-Schwärz
gibt dirs auch gleich zu erkennen, ob Gefahr vorhanden, daß es sich abziehen wird, ists aber noch
im Zweiffel, so nimm nur einen, und zwar von
hindern Bögen, als welche gemeiniglich am letzten gedruckt werden, lege ein weiß Blättlein
Pappier darauf, und reibe mit einem Fals-Bein
es wohl ab, so wird es sich gleich zeigen, ob sichs
abziehet: oder es darff nur bey einem Bogen an
einem Eck oben und unten ein weiß Blättlein
Pappier angelegt, und mit einem kleinen Hammer ein Streich auf den Tisch darauf gethan
werden, so findet es sich ebenermassen, ob es sich
abziehet. Findet es sich nun, daß es neu gedruckt,
so ist es eine böse Sache, und das Buch übel zu
binden, zumahlen wann es hart geschlagen werden solle, hauptsächlich rathe dem Besitzer des
Buchs, daß er das neugedruckte Buch noch eine
Zeit lang soll liegen lassen, nimmt er den wohl-
meinenden Rath an, und du hast Platz, so hänge
es Bogen weiß auf deine Stricke, in 4. Wochen

A 4　　　　　　zumah-

zumahlen Sommerszeit, lässet es sich schon schlagen. Soll aber das Buch gleich gemachet werden, so muß es durch und durch mit Maculatur durchschossen, und recht derb und hart aus dem Fals geschlagen werden: Hüte dich aber wohl, daß im Schlagen das Pappier sich nicht schiebet, dann sonst ziehet es sich wieder vom Maculatur auf den Druck, und macht garstige Arbeit. Ist es versehen worden, und das Abgezogene ist nicht viel, so kan mit weissen Brod abgerieben, zimliche Hülfe geschehen. Zum Hefften wird es nur ein wenig geschlagen, in Form, nachdeme es gebunden wird, dann wann es auf das beste aus dem Fals geschlagen, und das Maculatur so schwarz wird als der Druck selbst, so ziehet es sich doch im Schlagen zum Hefften noch ab. Hier eröffne dir ein Arcanum, brauche diß, so hast du das Maculatur durchzuschiessen nicht nöthig: Packe dein neugedrucktes Buch in Maculatur und Pappendeckel auf das beste ein, gib es hernachmals einem Becken, und wann er das Brod aus dem Ofen gebracht, so schiesse das Buch hinein, lasse es eine Stund oder 5. im Back-Ofen stehen, doch so, daß es nicht braun wird, dann kanst du schlagen wie du willt, es ziehet sich nicht mehr ab; Hernach gehet es an das Falsen, und was bey jeden Format zu observiren.

Vom

✗✗ ✗✗ ✗✗ ✗✗ ✗✗ **I:I** ✗✗ ✗✗ ✗✗ ✗✗ ✗✗

Vom Brechen und Zusammenhängen.

Duodez, Sechzehen, und Zwey und drey-
ßig-Format werden zuvor gebrochen und
abgeschnitten. Bey diesem Brechen ist wohl
darauf zu sehen, daß es in rechter Gleiche geschiehet; zu dem Ende besiehe den Steg von
dem ganzen Bögelein, sodann brich halb so breit
die Einsteck-Bögelein ab, und schneide es mit einem guten Messer gleich ab, damit es nicht staff-
licht wird; dahero darfst du nur die Lage nicht
allzudick machen, und vor dem Abschneiden mit
dem Messer es wohl ineinander stossen, und mit
der Hand auf dem Tisch wohl halten, daß es sich
nicht schieben kan, hernach mit gleichen Zug durch-
schnitten, dann gefalst, und nach der Signatur
und Custos ineinander gestecket. Im Falsen
aber wird, es mag ein Format seyn, was vor
eines will, jederzeit Sig. 2. zur rechten Hand gelegt, und hauptsächlich darauf gesehen, daß es
sauber gleich gefalset wird.

Wann du alle Format besehen willt, die
heut zu Tag üblich sind, so besiehe das in Nürnberg gedruckte, und bey Johann Andrä Enders
seel. Erben zu habendes Format-Buch in Parter
Folio.

A 5

Folio. Solte dir ersterwehnte Band, als Parter Folio, oder sonsten Bücher oder Kupffer
vorkommen, die aus einigen Bögen bestünden,
so müssen selbige hinten gleich abgeschnitten, dann
miteinander, wie sie kommen sollen, Messer-Ru-
cken weit mit weissen Kleister angestrichen, sofort
4. 6. oder 8. Bogen zusammen gehänget, damit
selbige nach dem Falsen ineinander gestecket werden können. N. 1. wird zu 6. gepappet, 2. zu
fünffe, dann 3. und 4. auch zusammen; gleicher-
massen wird mit dem verfahren, wo 4. Bogen
oder 8. zusammen gehänget werden sollen. Ich
meines Orts richte mich nach der Dicke des
Pappiers, ist es ein dickes Regal-Pappier, so
nehme nur 4. Blatt zu einem Hefftbogen, von
Schreib-Pappier 6. Bögen; von dünnern oder
feinern Pappier aber acht. Die Ursach solle bey
dem Hefften erkläret werden.

    Wann es nach dem Zusammenhängen wohl
trucken, so wird es hinten, wo die Blätter übereinander liegen, ganz gelind, und sonsten nirgends,
geschlagen, dann sonsten bleibt das hintere, weilen es ohnehin doppelt Pappier hat, höher.

Vom Falsen.

Sonach wird es gefalset, doch so, daß der
    Fals neben dem Zusammengehenkten
kommt, sonsten lässet es sich nicht wohl falsen,
                     und

und gibt auch doppelte Höhe.   Bey dem Falſen
habe zu erinnern, daß wann ein Octav-Bogen
gar zuſammen gefalſet wird, es gerne Runtzeln
in der Mitten gibt: dieſes nun zu vermeiden,
darff nur der Bogen in der Helffte, hinten wo
der Bruch geſchiehet, oder wo der Fals iſt, mit
dem Fals-Bein herunter, und die übrige Helffte
hinaus geſtrichen werden, ſo wird ſich keine Run-
tzel finden. Mehr als 2. Strich einem Bogen zu
geben, halte überhaupt vor unnöthig, dann es nu-
tzet nichts, und verurſachet einen groſſen Zeit-
Verluſt, welches öffters wahrgenommen, wann
mehrere neben einander geſeſſen und gefalſet haben. Ferner habe bey dem Falſen zu erinnern,
nemlich wie die Bögen liegen müſſen, daß ſelbige
commode gefalſet werden können: zu dem Ende
lege das Buch alſo, daß jederzeit der Titul und die
einſchifftigen Buchſtaben vom Alphabet auf den
Tiſch zu liegen kommen, hingegen wo ſich A. 2.
zeiget, muß bey allen Formaten dir zu rechten
Hand liegen, wie mit wenigen erſt vorn erwehnt.
Hebräiſche Bücher fangen von hinten an, und
ſind gemeiniglich mit N. 1. 2. und ſofort gezeich-
net, das innere aber iſt juſt. ſo wie unſere Bücher
cüſtirt, nemlich wann es bey uns heißt à 2. heiſſet es bey ihnen 1. 2. 1. 3. und ſofort. Wann
der Bogen gefalſet iſt, ſo ſiehe wohl zu, daß keine Unordnung im Hinlegen erfolget, damit du
die Bögen nicht voneinander klauben darfſt: Es
iſt eine ſchlechte Mühe, du muſt nur darauf ſehen,
daß, wann man das Buch bey dem Titul oder

A. zu

A. zu falſen angefangen, es ſo geleget wird, damit
Lit B. gleich nachgehet, nicht aber daß Lit. A.
oben heraus liegt, dann Lit. B. darauf, wann ſo
fort gefahren wird, ſo kommt Z. oben an zu liegen, und du muſt dir gefallen laſſen es völlig um-
zuklauben. Fängeſt du aber bey Z. oder andern
hintern Bögen anzufalſen, ſo lege ſolchen alſo,
daß der folgende nach der Ordnung darauf zu
liegen kommt. Ein Folium wird geleget, damit
im Einſtecken A. unten lieget, A 2. oder A. 3. oben,
damit die innern Bögen zu erſt auf das Einſteck-
Schwerdt können gefaſſet werden, daß der Buchſtaben, der allein ſtehet, die übrigen einſchließt, und
ſofort die äuſſern auf einander gehen. Wann es
eingeſteckt iſt, wird es abermahl nach erſt vorge-
ſchriebener Ordnung abgelegt, wie ein Quart
oder Octav und dergleichen. Noch eins habe zu
erinnern bey dem Falſen, wann nemlich bey Duodez oder Octav 2. Theile ſollen zuſammen gebunden werden, wegen Ungleichheit des Pappiers aber es ſich nicht thun läſſet, ſo darf nur der
eine Steg etwas breiter gefalſet werden, ſo gehet
es öfters an, ohngeachtet es gepfuſcht heiſſet.

✳✳✳✳✳✳✳✳✳✳✳✳✳✳✳✳✳✳✳✳✳

Vom Collationiren.

Iſt das Buch gefalſet, nach deſſen Beſchaffenheit es hat müſſen eingeſtecket werden,
oder nicht, ſo muß es fleißig collationirt werden,
und

und zwar erstlich nach dem Alphabeth, und zweytens nach dem Custode. In der Vorrede siehe absonderlich wohl nach, dann die Herren Buchdrucker pflegen gerne alldorten anzudrucken, was etwann ausgeschnitten werden muß, oder solche Blättlein, welche zu Ende des Werkes oder Registers sollen angebunden werden. Ja ich rathe einem jeden, wann er sicher gehen will, er suche bey dem Ende des Werks und Register nach, zumahlen wann ihme das Buch, noch unbekannt ist, ob nichts angedrucket worden das vornen, oder sonst wohin, gehöret: dann es gibt öffters Bücher, in welchen dergleichen Andruck nicht durch dem Custodem angezeigt worden. Die Titul sind auch zuweilen zu lang oder breit, ingleichen die Kupffer unproportionirlich aufgedruckt, daß selbige abgeschnitten und recht eingepappet werden müssen. Findet sich alles recht, so wird das gefaliete Buch mit zwey Querbrettern wohl eingepresset.

Vom Kupffer einmachen.

Nun aber will ich dir der Kupffer wegen einige Nachricht geben: Diese werden entweder nach denen Paginis eingeklebet, oder wann es Kupffer sind, die nach denen Nris 1. 2.

werden ihrer Härte wegen, dann der ausgetrucknete Stärk-Kleister wird wie Glaß so hart, von keinen Mehl-Kleister aber kan solches erzwungen werden; hauptsächlich aber wird jedem die Erfahrung gewiesen haben, oder noch zeigen, daß der schwarze Kleister jederzeit ehender angefressen wird als der weiße.

Vom Einpressen nach dem Falßen.

Um aber wieder auf meinen Zweck zu kommen, so wird, wann die Kupfer eingetrocknet (ehender nicht wohl) eingepresset, hast du eine eiserne Stock-Presse, so darf es nur eine halbe Stunde, wann es aber in eine hölzerne kommt, hat es 3. 4. oder mehr Stunden zu stehen; je länger je besser. Bücher von Schreib-Pappier, oder auch die vor andern starkes Pappier haben, müssen jederzeit länger in der Presse stehen, als Bücher von schwächern Pappier. Dann wird das Buch ausgepreßt, und zum Hefften geschlagen.

Vom Schlagen zum Hefften.

Da liegt nun sehr viel baran, 1) daß das Buch
an keinem Ort höher oder dicker bleibt,
2) daß es nicht bucklicht und runzlecht wird,
3) daß es seine rechte Proportion bekommt;
dann wann ein Buch mit Clausuren oder Ge-
sperren kommen solle, wird es ganz anders geschlagen, als wann es ohne dergleichen kommt.
Der Unterschied bestehet nur darinnen, daß ein
Clausuren-Buch vorn etwas höher bleiben muß,
als ein Pergament- oder Franzband. Diese aber,
die keine Gesperre bekommen, müssen ganz gleich,
doch aber vornen ein klein wenig dünner als hinten geschlagen werden; hauptsächlich aber wird
es hinten, wo und soweit der Zwirn im Hefften
hinein zu liegen kommt, weg- und weit dünner geschlagen, doch so, daß die obersten Ecken, wo
nach dem Beschneiden das Capital hinkommt,
ja nicht weggeschlagen wird, dann sonsten, wann
die hintern Ecken oben und unten weggeschlagen
gibt es im Rucken keinen gleichen Fals, sondern
im Beschneiden hinten übele Buckel, welche sich
nicht vergulden lassen, ja es schlucket sogar die
Farbe ein, wann das Buch gefärbet wird, und
läßt sich nicht einmal glätten.   Ein Pergament-
Buch

Buch: aber wird sich nimmermehr hinten an das
Capital schliessen, soferne die Ecken hinten weggeschlagen worden sind, sondern man wird zwischen Capital und Pergament eine Oeffnung
nach Proportion des Buchs antreffen, daß man
am Rucken weit hinunter sehen kan, welches eine
üble Schändung des Buchs verursachet. Die
vordern Ecken dörffen an einem Französischen
Band oder Pergament-Buch auch nicht gar weggeschlagen, doch auch nicht so hoch gelassen werden, wie die hintern, und muß man sich sonderheitlich nach der Dicke oder Grösse des Buchs richten.
Octav und Duodez, die verguldt auf den Schnitt
werden sollen, müssen ganz gleich ausgeschlagen
werden, da lasse ichs nicht höher, gehet es aber an
dicke Octav oder Quart und Folia, so verguldet
werden, da wird es, wie oben gezeiget, so ausgeschlagen, daß die Ecken nach Proportion hoch bleiben. Bey diesen verguldten Bänden must du dich
ja vorsehen, damit im Schlagen es nicht an einen
oder dem andern Ort allzusehr, oder aussen herum
allzuviel getroffen werde, mithin es ungleich, und
sich nimmermehr sauber verguldten läst.

Eine Frage ist hier zu erörtern, ob es einem Buch besser ist, wann es hart, oder wann
es nicht viel geschlagen wird? Ich antworte
also: ein Buch, das offt gebraucht wird, darff so
gar hart nicht geschlagen werden, aus Ursach,
weilen von dem Schmuz oder Dufft der Hände, daß Pappier quillet, mithin ziehet sich dasselbe auf, und wird wieder dicker, welches viel Ur-

sach gibt,, daß die Bücher zuweilen kläffen: in so
ferne aber ein Buch nur dann und wann aufgemacht wird, zu dem in der Bibliothek gepfreng stehet, kan es nicht sobald aufklaffen und belzigt werden: Indessen muß auch ein Buch nicht zu wenig
geschlagen werden. Damit du aber in der Proportion mich verstehest, so wisse, daß ein Folium
von beyläufig 12 Alphabet mit einem Hammer
von 12 Pfund, (welches die beste Grösse ist) eine
Lage von 3 biß 4 Finger dick, wie erst vorn
pag. 6. gesagt, hübsch gleich getroffen, auch ein
mahl oder 3 umgewend wird, mithin wird es
der Gebühr nach nicht zu hart noch zu wenig geschlagen: In soferne aber dein Schlag-Hammer
leichter ist, so must du freylich das Ueberschlagen
öfters vornehmen, dann es gibt die Vernunft,
daß ein kleiner Hammer nicht von solchem Nach-
druck ist wie ein groser. Nach dem Einpressen
zum Hefften, wird eine Lage eines guten Fingers
dick, auch 3 mahl mit Conservation der Ecken,
überschlagen: Mit einem Quart verfahre eben
so; Octav und Duodeß aber können halb- oder
in Quart gefalset, so nach ein paarmal überschlagen, und dann zusammengefalst und eingepreßt,
alsdann besagter massen zum Hefften einmal oder
3 überschlagen werden.

Ist nun das Buch zum Hefften geschlagen,
so wird es Lag-weiß wie es geschlagen worden,
zwischen sauber- und glatten Brettern abgepres-
set, und darf in einer eisernen Bogen- oder Stock-
Preß nur etliche Minuten stehen, in hölzern Hand-

Preß

Preſſen aber muß die Zeit ſo eingetheilet werden,
daß es eine Stunde ſtehen bleibet; wann es ausgepreßt, und ſich keine Ungleichheit oder Runzeln
zeigen, ſo wird es zum Hefften bereitet, und auf-
geſpannt, entweder auf Riemen oder Schnüre.

Findet es ſich aber, daß es Runzeln im Abpreſſen gegeben, ſo iſt kein anderer Rath, dann
du umſchlägſt dein Buch noch einmahl, vorhero
aber fühle wohl, wo du zu viele Streiche hinge-
than haſt: Mehrmahlen geſchiehet es, daß das
Buch in der Mitte zu ſehr getroffen wird; wann
du dieſes vermutheſt oder fühleſt, ſo ſchlage es
nur, ohne daß du es in der Mitten triffſt, brav
neben weg, ſo wird dein Buch noch von denen
übel ſtehenden Runzeln errettet.

Hier fället mir ein, daß viele glauben, theils
Holländiſche Bücher wären ohnmöglich ohne
Runzeln zu ſchlagen, ich ſage aber es kan gar
wohl ſeyn, und zwar auf dieſe Art: Schlage
das Buch rechtſchaffen aus dem Fals, ja härter
als ſonſt ein Buch, doch ſo, daß du der bey dem
aus dem Fals ſchlagen vorgeſchriebenen Ordnung nachkommeſt. Iſt nun dieſes geſchehen,
ſo mache eine Muldern, Brändten, oder Gölden,
was du zum Planiren braucheſt, voll hell- und
warmes Waſſer, worein eine Hand voll Alaun
geſchmiſſen wird, ziehe dein wohl geſchlagenes
Holländiſch- oder Franzöſiſches Buch durch, wie
durch ein Leim-Waſſer, preſſe es aus, und hänge es auf, alsdann wird es ſich ſchlagen laſſen,

B 3   wie

wie ein anderes Buch auch, doch mußt du es noch einmahl aus dem Fals schlagen.

Vom Auffpannen.

Jm Auffpannen aber kommt es auf dich an, ob du dein Buch, es seye vor ein Format was es wolle, auf viele oder wenige Bünde hefften willt: Gesetzt das Buch solle auf 7. Bünde geheftet werden, so nehme den Circul, und mache 8. Austheilungen deines Buchs, von da an, wo du glaubest, daß es beyläuffig weggeschnitten wird, doch ehender ein wenig enger als weiter, dann es stehet recht ungereimt, wann Kopf und Schwanz kleiner ist, als die mittlern Felder.

Bey einem Franzband kan es nicht einmahl recht verguldet werden, da hingegen es gut stehet, wann über dem Feld eine saubere Fillete, und die Franz-Filleten noch ziemlich zu stehen kommt, wie in allen Französischen Büchern, die von guten Meistern gemacht, zu ersehen, sodann theile die Bünde darnach ein.

Gleiche Bewandniß hat es mit Büchern, die auf 6. 5. 4. oder 3. Bünde sollen geheftet werden, da wird überall der Circul einmahl mehr genommen, zum Exempel: das Buch solle auf 4. Bände geheftet werden, so nimm 5 Austheilungen deines Circuls, bey 3 Bünden 4 Circul, und

und bey 6 Bünden 7 Circuls-Austheilungen, und sofort, jederzeit einen Circul mehr als Bünde.

Vom Hefften.

Wann der Anfang zum Hefften gemacht wird, muß der Circul am obern Bund angeschlagen werden, und nach Proportion und Größe eines Buchs der Kopf linker Hand, an einem Duodeß oder Octav einen Messerrucken breit, an einem Quart anderthalbe, an einem Folio 2 Messerrucken breit, und an einem Median- oder Regal-Folio nach Proportion noch breiter Spatium gelassen werden, das ist, das Buch muß oben, wann der Circul am letztern Bund angeschlagen wird, so weit heraus stehen über den Circul, excl. dessen was weggeschnitten werden solle.

Dein Vorsetz-Pappier richte ein, wie es bey dir üblich ist, von Türkischen Pappier oder Cortuan oder nur von weissen Pappier, doch muß überall darauf gesehen werden, daß gut starkes Pappier genommen wird.

Nimmt man nur weiß Pappier, so wird es angeheftet wie ein anderer Bogen auch; bey dem glatten und gefärbten Pappier aber wird es, wann nur ein Blatt solle an die Decke gepappet werden, am Fälslein in das Weise mit Kleister angemacht, damit es sich im Rucken nicht schiebet, oder zerreisset, dann es stehet gar garstig,

B 4   wann

wann lieberlich dünnes Vorſez-Pappier zu einem
Buch genommen wird, im rücken und formiren
aber ſich losreiſſet, da dann, wann das Buch
angepappet und aufgemachet wird, es ſich noch
mehr losreiſſet, daß man hinten durch auf das
bloſſe Leder oder Pergament ſehen kan.

Bey gar guten Büchern, die bezahlt werden,
wird überall 3 Blatt Türkiſches Pappier vor-
geſetzt, als eines wird an die Decke gemacht,
2 aber werden ſo zuſammen gepappet, daß überall die ſaubere Seiten zum Vorſchein kommet,
nemlich ein Blatt oder Seiten gegen das Buch,
und die andere gegen die Decke.

In dem Hefften ſelbſt aber wird das Buch
nach Beſchaffenheit der Dicke der Bögen mit
dicken oder dinnen Zwirn gehefftet, zum Exempel, ein Octav hat dickere Bögen als ein Quart,
dann ein Octav-Bogen hält 8 Blatt, ein Quart
aber nur 4, mithin ein Duodez 12 Blatt, da
dann leicht zu erachten, daß, wo viele Blätter
ineinander ſtecken, dickerer Zwirn muß genommen werden, als bey einem, wo nur 2 Blatt ineinander ſtecken; derentwegen wird zu einem ordinaire Quart dünnerer Zwirn genommen, zu einem Octav und Duodez aber dickerer, doch aber
muß auch darauf acht gegeben werden, wann das
Buch hart geſchlagen worden, daß dünnerer
Zwirn darzu genommen werde, als wann es nicht
ſehr zuſammen geſchlagen iſt, auch kommt es viel
auf das Pappier an.

Fran-

Franzöſiſche- und Holländiſche Bücher haben
meiſt ſtarkes Pappier; dahero wird jederzeit et-
was dickerer Zwirn darzu erfordert, dann bey ei-
nem dünnen Pappier. Wann ein aus ſtarkem
Pappier beſtehendes Quart mit allzu feinen
Zwirn ſolte gehefftet werden, würde es ſich im
Rucken ſchlecht rund geben, noch vielweniger
Fälſe an das Buch zu bringen ſeyn.

Gleiche Bewandniß hat es mit andern Bän-
ben; ein Folium aber wird hauptſächlich nach
Beſchaffenheit der Dicke doch jederzeit mit di-
ckerm Zwirn geheffter als ein anderes Format,
weilen die Länge des Buchs die Bünde an Zwirn
anhält, mithin das Buch, wann der Zwirn dünn,
es verhindert, daß es keinen rechten Rucken noch
Fälſe gibt. Mit dem Quart iſt es eben ſo be-
ſchaffen; dann wann man nemlich das bekannte
Buch Ottonis Kranken- Troſt in groß Quart,
(beſtehend aus 8 Alphabet, und hat ein ſtarkes Pappier) mit dünnen Zwirn hefften wollte, wie ein klein ordinaire Quart, ſo würde es allzu hart, und ſich nimmermehr ſo rucken laſſen,
daß es ſeine gebührende Runde und Fälſe bekommen thäte, ſondern es muß mit gar Zwirn gehefft
werden, wann es anderſt nicht allzuhart geſchlagen iſt: Wann das leztere geſchehen, ſo wird,
wie erſt vorgeſagt, der Zwirn etwas dünner
genommen.

Die Alten waren gewohnt, ihre Bücher im
Hefften zu umſchlingen, wie man noch an allen
alten Büchern wahrnimmet, ja ſie haben über-

B 5 diß

diß auch durch und durch ihre Bücher ganz
gehefftet.

Nachdeme aber der Augenschein gibt, daß ein
solch gehefftes Buch, wann es dünn, sich nicht
recht aufmachen lässet, ein dickes aber bey dem
starken Gebrauch vornen, also daß der Rucken hohl, entgegen der Schnitt rund heraus
stehet: So wird dieses als eine langweilige
und unnütze Arbeit heut zu Tag völlig verwerf-
fen. Dann ob es gleich hier und dar bey denen
Meister-Stücken noch so muß gehefftet werden,
so halte davor, es geschiehet nur, um junge
Meister werdende Personen mit nimmer üblichen
noch nützlichen Hefften zu quälen, da doch offt
mancher Gesell wohl in seiner Profeßion erfahren ist, dennoch aber niemalen ein umschlungen
Buch gehefftet hat, oder eines hefften sehen.

Damit du aber auch wissen mögtest, wie ein
solches Buch gehefftet wird, so setze solches auch
hieher: Es werden nemlich die Bünde aufgespannt, daß jede Schnur in duplo stehet, aber
nicht sogar hart angespannt wie sonsten, aus Ursachen, damit man desto füglicher mit der Nadel
hindurch kan. Wann nun der erste Stich, als
bey dem Vice-Bund oben hinein geschiehet, so
wird zwischen denen beyden Schnüren, als bey
dem ersten Bund wieder herausgestochen, dann
die Nadel hint um den Bund herum geschlungen,
mit dem Zwirn sodann angezogen, und darauf
wieder zwischen die beyden Schnüre mitten hinein gestochen; wo du zuvor heraus gestochen hast,
und

und also bey allen Bünden so verfahren, so wird
es wie es verlangt worden; hauptsächlich aber
ist darauf zu sehen, daß jedesmahl zu einem solchen Buch weit dünnerer Zwirn genommen wird,
als sonsten gewöhnlich, dann sie steigen im Hefft-
ten ungemein in die Höhe.

Noch eine Art, welche fast dem umschlunge-
nen Hefften gleich ist von etlichen gebräuchlich,
auf welches mehr halte, als auf vorgehendes.
Es wird nemlich bey einem clausirten Buch also
gehefftet, wie gewöhnlich, sodann werden auf jeden Bund 2 Schnüre aufgespannt, und im Hefft-
ten zwischen die beeden Schnüre hinein gestochen, und weiter nicht umschlungen, sondern nur
gleich wieder neben dem einen Bund heraus gestochen, damit nur eine Schnur von Zwirn um-
fasset wird, so fahre fort, so lange du hinunter
hefftest: Im Heraufhefften fasse die andere
Schnur allein, so wird es aufs beste einen um-
schlungenen Gehefft gleich sehen: Ist dir das
mitten ausstechen, zwischen beyden Schnüren zu
mühsam, so darfst du nur über den Bund heraus stechen, und im hineinstechen nur einen Bund
fassen, so kommst du ebenermassen zurecht.

Von gemeinen Hefften aber, wie es heut zu
Tage üblich ist, wird, wann das Buch abgepreßt
und collationirt, es auf den Titul geleget, dann
das Vorsetz-Pappier durch und durch, ingleichen
noch 1. oder 2. Bögen angehefftet, daß ja kein
Bund ausgesetzet bleibet. Etliche umschlingen
gar die Bünde in dem ersten und letzten Bogen,

allein

allein ich halte nichts darauf, aus der Ursach,
1) an einem Franzband, und dergleichen macht
es eine Höhung am Bund; an einem Pergament aber fällt 2) der ungeschlungene Zwirn gemeiniglich vor, indeme das Pergament nicht allezeit den Leim annimmet. 3) An kleinen Büchern aber verursachet es ein übles Aufstecken,
alsdann von hinten an so gehefft, daß jederzeit die
linke Hand im Bogen ist, und sobald, wann mit
der Nadel hinein gestochen, mit der linken Hand
wieder heraus geheftet wird, und zwar also,
wann am Vice-Bund angefangen wird, oben
einzustechen, so wird über dem ersten Bund ausgestochen; an einem Duodetz, 8vo oder Quart,
oben gleich gehalten, den Zwirn wohl angezogen, und dann den Bogen liegen gelassen, doch
aber muß es bemerket werden, mit Einlegung
eines Pappiers, Pergaments, oder darzu bereite-
ten Herz, sofort den folgenden Bogen genommen,
und vor den Bund hinein gestochen, den ersten
wieder aufgehaben, und sofort geheftet, durch
alle Bände, dann den Vice-Bund ausgestochen;
eben so heffte auch von unten auf. Mit den folgenden Bögen wird übrigens so continuiret,
daß jedesmahl bey jedem Bogen wohl darauf
gesehen wird, daß er oben hübsch gleich kommet,
dann daß der Zwirn gleich stark angezogen;
dann wann der Zwirn einmahl stark, das andere mahl aber schwach angezogen wird, und darzu noch dieses kommt, daß man einmahl den
Bogen hart, und das andere mahl aber schwach
nieder

nieder hält, so kan es nicht anderst seyn, dann daß das Buch unförmlich bey dem Rucken sich anläsfet, und bey dem Gebrauch die Blätter schiessen: Auch ist im Hefften sich wohl vorzusehen, wo eine Lage anfänget, darauf geschlagen worden, diese muß (weil sie glätter, und sich im Arbeiten sehr schiebet) hinten ein wenig gekleistert, und mit dem Mund genetzet werden, daß es die Glätte verliehret, und sich nicht hin und wider gibt.

Oben habe etliche mahl der Vice-Bünde gedenken müssen, mit welchen es folgende Beschaffenheit hat, es sind solche der Anfang und der Beschluß der eingehefften Bögen: An Franzbänden wird hauptsächlich darauf gesehen, daß selbige so weit vom obern und untern letztern Bund kommen, als die andern Bünde auch voneinander stehen, damit im Vergulden selbige keine üble Höhe geben, mithin böß darauf zu vergulden ist, daß öfters die Mittel-Stempfel nicht halten: Damit nun selbige jederzeit auch die rechte Dickung und Stärke haben, darf sich nur angewöhnet werden, daß man allezeit 6 biß 7 Bögen tief einsticht.

NB. Ich habe auch bey Zertrennung Französischer Bücher gefunden, daß der Vice-Bund oben und unten eingeseget war, welches eben vermuthlich die Höhe dardurch zu verhindern von dem Meister geschehen seyn wird, gefället es dir, so kanst du diß auch probiren.

Aber

Aber Folia können nicht nach der obern Gleiche gehefftet werden: Da wird ein Reiff oben an die Spindel der Hefft-Lade an Schnür eingespannt, und zwar so, daß durch das öfftere Umschlingen er einwärts gelind schnellet, darauf wird Vorsez-Pappier und der erste Bogen eingehefftet, sodann nach des erstern Bogen obern lezterer Zeile oder Linia eine Schnur gezogen, oder nur eine Nadel oben an die Bünde angebunden, welche die Weite biß an die lezte Zeile hat, darnach muß das ganze Folium aufgehefft werden, doch so, daß der erste Bogen bey dem Ausstechen nieder- und bey der rechten oder lincken Hand etwas eingelegt wird, dann den folgenden Bogen in Reiff offen eingethan, mithin solang umgewechselt, biß jeder Bogen wohl angestochen ist. In soferne aber das Buch ungleich gedruckt, oder es verschiedene Wercke wären, so zusammen gebunden werden sollen, so muß es füglich eingetheilet werden.

Gleiche Bewandniß hat es auch mit andern Bünden, wo mehr als ein Werk soll und muß zusammen gebunden werden, worunter auch die denen Herren Buchbindern so beliebte Disputations-Bände zu zehlen. Ueberhaupt aber davon zu reden, so bindet ein noch so geschickter Meister öffters seine Schande, wann 2. oder mehr Theile sollen zusammen gebunden werden, und doch ungleiches Pappier ist.

Vom Hefften der eingesägten Bü= cher.

Ganz eingesägte Bücher (welche mit Sammet, oder sonsten einem Seiden=
Zeug, ja auch nur mit Leder überzogen, und
doch ohne Bünde verfertiget werden) müs=
sen zuvor mit dem Vorsetz=Pappier versehen, und
sonach mit 2 Brettern gleich gestossen werden,
dann nach der Dicke der Schnur, worauf es solle
gehefftet werden, wird es nach Vielheit der Bün=
de eingesäget.   Die Abtheilung der Bünde aber
wird nach dem andern Aufspannen nur nach dem
Gesicht genommen; bey den beyden Vice=Bün=
den wird der Anfang zum Einsägen gemacht,
und zwar bey oberer und unterer Zeil: sonach
werden die übrigen Bünde nach Proportion ein=
getheilet, damit du aber die ober und leztere ober
unterste Zeilen wissen kanst im Einsägen, so darf
nur ein Bogen mit einem Bleyweiß hin gezeich=
net werden, wo die gemeldten Zeilen sich finden,
so wird im Einsägen der Vice=Bünde es gleich
den Ort zeigen, wo du derselben Anfang machen
sollt, es wäre dann, daß der Druck so beschaf=
fen, daß das Buch nicht darnach könnte beschnit=
ten werden, wie die Holländisch=Französisch und
andere Bücher öffters sehr viel Spatium haben,

daß

daß die Eintheilung nach Proportion des Raums
zu machen.

So dick die Schnur iſt, ſo tief wird hinein
geſäget. Wann aber die Säge etwas zu ſchmal,
ſo wird mit Einreibung mit dem Falsbein noch
ziemlich nachgeholfen: Im Hefften aber wird vor
den Bund geſtochen, mithin umſchlinget der Zwirn
hier den Bund nicht, wie bey andern uneingeſäg-
ten Büchern. Die Urſach iſt dieſe, weilen, wann
die Bücher, ſo eingeſäget werden, alſo geheftet
würden, wie andere, ein ſolches Buch ſehr übel
aufgienge, und im Aufmachen ſtünden, oder ge-
beten ſich die Bünde wieder heraus, und würde
das Leder, oder mit was das Buch überzogen
wäre, hinten dadurch losgeriſſen, mithin ſchlechte Dauer haben.

Wann aber ein Folium ſollte eingeſäget werden, ſo iſt kein beſſer Mittel, daferne du es anderſt
verfertigen willt, daß du keine Schande damit
aufhebeſt, dann daß du das Buch nach der Nadel oder Schnur accurat aufheffteſt, wie erſt
pag. 30. gewieſen, alsdann wird es hinten ein
wenig gepappt, wann es trocken, oben gleich beſchnitten, dann wieder zertrennt, ein wenig aus-
geſchlagen, und zwiſchen zwey Brettern gleich
geſtoſſen und eingeſäget, wie oben gewieſen.
Willt du aber deinen Zwirn menagiren, und ge-
traueſt dir folgender maſſen ehender fertig zu
werden, ſo greiffe es ſo an: Nimm den Circul
nach der letztern obern Zeile, und ſchläge ihn an
faſt biß an das rauhe Pappier, ſodann ſchneide
mit

mit einem scharfen Messer an einem Linial Bogen vor Bogen ab, und sonach säge ein.

Gemeine Pergament-Bücher, die nur in schlecht Pergament mit Ruck und Eck gemachet, werden nur auf nicht gar zu dicke Schnüre geheftet; entgegen Pergament-Bücher so fein sollen gemachet werden, mit durchgezogenen Riemen, müssen auf gute Pergament-Riemen geheftet werden, und zwar ist gewöhnlich, daß ein Folium mit 4 biß 5 doppelten Pergament-Riemen, ein Quart und Octav aber mit 3 versehen werde. Viele hefften ihre Pergament-Bücher alle nur auf einfache Riemen, schneiden ausser denen kleinen Riemleim, welche durchgezogen werden müssen, alles hinweg, setzen das Buch auf den puren Fals, und über Leim-Pergament oder Leinwand an. Indeme aber die Erfahrung lehret, daß solche Bünde gar bald, bey starkem Gebrauch, aus der Decke fallen, mithin die Leute betrogen, so muß solches unterlassen werden.

Hast du weises Schwein-Leder, so nehme nur zu Fütterung des ersten und lezten Bunds unter den Riemen selbiges, und seze den Pappendeckel darauf an, es wird dir allen erforderlichen Dienst thun. Duodetz werden an theils Orten ganz entgegen nur auf 2 Bünde geheftet, welches gute und dauerhafte Bünde gibt, in soferne die Bünde, wie gedacht, gefüttert werden. Vor dem Aufspannen aber müssen die Riemen unten und oben ein wenig benetzet werden,

den, maſſen ſie ſonſten gerne ausreiſſen, und ſich nicht auffſpannen laſſen.

~~~~~~

Vom Rucken.

Nun kommen wir auf den Rucken, welches in der That auch eines von denen Haupt-Stücken mit iſt: Es wird nemlich das Buch zuerſt umgeklopft, damit der Rucken rund wird, ſonach in die Preß geſezt, daß die 2 pappierne leztere Fälſe oder vielmehr Blättlein auſ-ſen bleiben, damit die Preß nicht mit Leim be-ſchmieret wird, ferner das Buch unten mit bee-den Händen zuſammen geklemmet, das der Ru-cken heraus gehet, alsdann wird es mit einem Hämmerlein oben, und wo es ungleich iſt, gleich rund geklopfet. Bey allen dieſen aber muß dei-ne Haupt-Abſicht dahin gehen, daß 1) dein Buch ganz gelind zugepreſſet iſt, damit du es be-ſtändig ſchieben und bewegen kanſt nach deinem Belieben. 2) Daß du die Fälſe wohl in acht nimmeſt, ich meyne aber nicht die 2 pappierne Fälslein, ſondern diejenigen, worein hernach-mahls dein Pappendeckel, Span oder Brett ſol-le geſezet werden, da iſt die Proportion beſtens zu obſerviren, ſintemaln ein Bretter-Buch kei-nen ſo groſen Fals vonhöthen hat, als eines, ſo in Pappendeckel gebunden werden ſolle, auch be-kommt ein Folium und Quart, nachdeme es dick
iſt,

ist, grose Fälse, damit auch ein starker Pappen-
dckel hinein gesezet werden kan; hingegen ein Octav
und Duodetz kleinere Fälse: Ja ich sage jedem, heft
und mache einer sein Buch wie er will, und gebe
im Heften und Rucken keine proportionirliche
Fälse, so kan er doch kein proportionirliches
Buch verfertigen: Hier haben die meisten gefehlet, ja es fehlet noch mancher Meister und Gesell. Es solle und muß aber nur so tractirt werden: Zum Exempel, du hast ein Quart zu rucken in Franzband z quer Finger dick, da stellest
du dir vor, zu diesem Buch brauche ich einen
Pappendeckel eines guten Messerrucken dick, und
siehe darauf, daß deine Fälse anderthalb Messerrucken weit von der Presse heraus stehen. Damit sie aber gleich kommen, und nicht einer
schmal der andere aber groß wird, so gib auf
allen 4 Enden wohl acht, und darf nur mit dem
Finger der Fals auf dem Preßbalken herüber
gedrucket werden, so siehest du gleich, an welcher
Seiten oder Ende der Fals zu klein oder zu groß
ist, da kan es dann, wann er zu groß, hinein gezogen, entgegen so er zu klein heraus geschoben,
und somit einander gleich gemachet werden.

Findest du nun alles gleich, so wird die Presse stark, doch gleich zugepresset, unten wie oben
überall, damit das gerückte Buch gleiche Dickung bekommen möge. Bey Pergament- und
Franzbänden, aber siehe darauf, was ohne Clausuren kommt, daß die Fälse jederzeit etwas grö-
ser im Rucken werden, als du dir einbildest, daß

die

die Pappendeckel seyn müssen; Derentwegen habe ich erst erwehnet, wann der Pappendeckel 1.
Messerucken dick seyn soll, so muß der Fals auf
anderthalb Messerrucken beyläufig angetragen
werden; dann ich habe gefunden, daß es jederzeit besser gewesen ist, wann die Fälse etwas grösser angetragen worden, als der Pappendeckel ist,
entgegen aber niemahlen dem Buch eine gebührende Form anbringen können, wann die Fälse
durch allzuhartes Hefften, oder anderes Versehen,
zu klein geworden sind. Dünne Octav- oder
Duodetz-Bände, die auf den Schnitt sollen
verguldet, müssen ohne sonderliche Fälse gerucket werden, dann die großfälsigten Bücher
lassen sich oben am Capital übel vergulden; dahero mache durch die Bank bey verguldten Büchern etwas kleinere Fälse, als bey andern unverguldeten. Denen Pergament-Bänden
stehet auch ein groser Fals sehr wohl an;
Bey Ruck- und Eckbänden ist dieses denen in ihre
Art schlagenden gleich zu machen. Par Exemple,
du ruckest einen Franzband, und ein ledern Ruck-
und Eck-Buch, da wird jedes mit einem Fals von
gleicher Grösse versehen, in soferne sie von einer
Dicke sind, und keines dünnern oder dickern Pappendeckels benöthiget ist: Eben so verhält es sich
mit Pergament, und Pergament-Ruck- und Eck-
Büchern, überhaupt aber kommt es auf die Dicke derer Bücher an, dann das ist ohnehin vernünftig, zu einem dicken und starken Band gehört ein dicker und starker Pappendeckel, hingegen

gen zu einem dünnen ein dünnerer, und eben darnach wird das Buch geheftet, und im Rucken
mit darzu dienlichen Fälsen versehen. Du wirst
bißhero auf die Gedanken gekommen seyn, ich
wollte an einem jeden Buch, das mit Brettern angesezt werden, und Clausuren bekommen solle, gar
keine Fälse haben, aber du irrest, so ferne du diese
Gedanken von mir hegest, au contraire sie werden da auch höchst-nöthig erfordert: Dann wann
ein Buch, daß keine Fälse hat, angesezt wird, so
müssen die Bretter wider Proportion hinten
dünn ausgehobelt werden, welches 1) einen üblen Form gibt, 2) reißt bey dem Abrichten das
Vorsez-Pappier gerne ab, daß man hinten
schändlich hinein sehen kan. 3) Lauffen bey- und
nach dem Ueberziehen die Bretter gerne zuruck,
und wird somit das Buch hinten aus dem Form
gebracht. 4) Heben sich die Bretter durch das
Clausiren hinten auf, daß mithin alles recht pfu-
scherhaft aussiehet: doch dörfen die Fälse nicht
so groß seyn, wie bey einem Pappendeckel-Buch,
indeme man im Ausstossen ziemlich helfen kan,
und ist es weit besser, wann der Fals in etwas
zu klein, als zu groß ist, und über das Brett heraus stehet. Mehrers Licht will davon geben,
bey dem Ueberziehen und andern Gelegenheiten.

❖❖❖❖❖❖❖❖❖❖❖❖❖❖❖❖❖❖❖❖❖

Vom Rucken-Leimen.

Ist nun dein Buch recht geruckt, so wird es geleimt : Was den Leim anbelangt, muß selbiger wohl zergangen, recht warm, und nicht gar zu dick, doch auch nicht allzu- dünn seyn, dann sonsten fliesset er wie Was- ser in das Pappier hinein, und hält das übergeleimte Pergament, Leinwand, oder Pap- pier nicht einmahl. Hast du ein Folium oder Quart, das in Franzband oder Englisch gebun- den werden solle, so leime hinten Pergament über, dann es ist fein glatt, und macht den Rucken vest, mithin gut darauf zu vergulden. Ueber Octav und Duodetz wird nur Gold-Pappier geleimet. In Folia oder Quart und Octav-Bücher, in- gleichen die Duodetz-Bände, welche in Perga- ment sollen gebunden werden, wird Leinwand übergeleimt, die Savion- und Cortuan-Bände aber in aller Proportion, weil es ebenermassen Leder-Bände sind, denen Französischen Bänden gleich gearbeitet.

Mit dem Leimen verfahre also : anfangs über- leime den ganzen Rucken, daß kein Weises bleibt, absonderlich neben am Fals : Wann du nun nichts mehr siehest, wo kein Leim hingekommen, so reibe mit einem umgekehrten Hammer den Leim wohl hinein, und den Rucken glatt, sofort mit

dem

dem Leim-Pensel wiederum darüber gestossen,
darauf das zum Ueberleimen destinirte Pergament, Leinwand oder Pappier zwischen die Bände gethan, und wieder mit gar wenigen Leim
überstossen, sonach die Bünde hübsch gleich gemacht, neben denselben mit einem Falsbein den
Leim abgestrichen, den Vice-Bund wohl niedergeklopft, und neben dem Fals das Uebergeleimte
wohl angerieben: Und damit die Bünde nicht an
das Vorsez-Pappier kleben, werden selbige wohl
auf- und in die Höhe gezogen, und also ein Folium
wie ein Duodez geleimet sowohl in Französischen
Bänden, als in Pergamentenen, nur daß bey Octav
und Duodez, die in Cortuan, Savion oder
Französisch sollen gebunden werden, nur Gold-
Büchleins-Pappier pflegt übergeleimt zu werden,
dahingegen aber Pergament-Bücher durch und
durch von Folio biß zu Octav und Duodez mit
Leinwand übergeleimt werden müssen: Dann weilen der Rucken hohl kommt, ist das Pappier, wie
leicht zu ermessen, allzuschwach, den Rucken zu
halten, daß er nicht bricht, doch wirst du selbst
darauf sehen, daß wann es seyn kan, du zu kleinen Büchern dünneh, zu grosen aber dickern Leinwand überleimest, welches bey eingesägten Büchern ebenfalß zu observiren ist.

Ich habe bey dem Leimen erst oben gesagt,
mit wenigen Leim überstossen, welches so zu verstehen: bey dem Rucken-Leimen überhaupt wird
der Pensel wohl ausgestrichen, daß nicht viel
Leim darinnen bleibt, dann lässet es sich freylich

nicht

nicht schlechterdings nur anschmieren, sondern es
wird mit Aufstoffung des Pensels der Leim
zwischen die Bögen gleichfalls derb eingestoßen,
daß er, wiewohl nicht dick, zwischen die Bögen
eingetrieben wird, dann allzudickes Leimen thut
dem Buch keinen Nuzen, sondern den allergrö-
sten Schaden bringen, und zwar derentwegen
1) ist das Pappier, wann es auch Schreib-
Pappier wäre, schwach: wird es nun mit allzu
dicken oder überhäuften Leim belegt, so ist es kein
Wunder, wann es nicht aufgehen will, wird es
2) mit Gewalt aufgerissen, so bricht es, wie
dann auch der allzu dicke Leim die Bögen dergestalt heraus treibet, daß sogar der Zwirn brechen,
mithin ein Buch bald zu Grund gehen muß.

Wann es nun 3tens auch wieder einmahl
solle umgebunden werden, so machet es dem
Buchbinder vielen Verdruß im aufeinander rei-
sen, gestalten die Blätter neben abgehen, welche
mit vieler Mühe des Buchbinders und Schaden
des Buchs wieder angeklebet werden müssen.
Gar zu dünner Leim hingegen kan nicht halten,
und muß also die Mittel-Straffe genommen
werden.

Die Franzosen überschmieren ihre geruckte
Bücher über und über mit Papp, und wann selbige einige Minuten gestanden, werden sie mit einem darzu gemachten Eissen, welches wie eine
Gabel aussiehet, so 3 Zinken hat, und ganz
stumpf ist, überraffelt, (ein stumpfer Circul thut
auch diese Dienste.) daß sich der Papp zwischen
Die

die Bögen hinein ziehet, und ſonach mit einem Hammer, wie im Leimen hinein gerieben. Was nun von Papp heraus gerieben, wird ſodann mit Pappier-Spänen abgewiſcht, darauf mit etwas dünnen Leim überſtoſſen, dasjenige, was ſoll übergeleimt werden, darauf gelegt, dann wieder ein wenig Leim gegeben, und mit Gleichmachung der Bünde und Niederklopfen verfahren, wie bey vorhergehenden Leimen.

NB. Die Franzoſen machen ihre Franzbände ganz anderſt als wir, will alſo curioſitatis gratia weiter hinaus den ganzen Verlauf entdecken, wie ſelbige müſſen verfertiget werden.

Iſt nun deine Arbeit recht geleimt, und trocken worden, ſo wird es aus der Preß genommen, und wohl zugeſehen, daß die Fälſe ſich nicht durch das Leimen an die Preſſe gehänget haben; Findet ſich dieſes, ſo wird es gelind abgelöſet, dann ſonſten das Vorſez-Pappier zerreißt, und ein neues darauf gemachet werden muß, ſodann wird das Vorſez-Pappier am Fals mit einem Falsbein niedergerieben und abgepreßt.

Vom Abpreſſen.

Bey dem Abpreſſen iſt folgendes zu obſerviren, 1) daß die Bretter gleich im Fals geſezt werden, damit ein Fals ſo groß als der andere bleibt.

C 5 2) Daß

2) Daß kein Bund nicht zwiſchen das Buch
und Brett kommt, dann die Bünde müſſen frey
ſtehen. 3) Daß in ſoferne oben am Schnitt
oder Rucken es ſcheb in der Preß ſtünde, es
gleich gerucket werde; wann aber das Rucken
nicht helfen will, muß es mit einem Hämmerlein
gleich geklopfet werden, es darf aber die Preß
noch nicht veſt zugeſchraubet ſeyn, indeme ſonſten
das Schlagen nichts hilft: Iſt alles gleich ſo
preſſe es ſtark zu, doch muſt' du dieſes noch darbey obſerviren, daß Bücher die ohne Geſperre
ſollen gebunden werden, vorne etwas mehr weggepreſſet werden müſſen. Die mit Clauſuren
kommen ſollen, werden hinten mehr gepreſſet,
und geſchiehet dieſes nur im Einpreſſen, nemlich
das, was vornen ſoll weggepreſſet werden, wird
hinten über die Preſſe wieder heraus- und die mit
Clauſuren mehr hervor gezogen, mithin genauer
am Rucken eingepreſſet. Wann es etliche Stunden in einer gemeinen Preß geſtanden, kan es her-
ausgenommen werden, wiewohl es in 12. und
mehr Stunden nicht zu lang ſtehet.

In einer eiſſern Stock- oder Bogen-Preß
wird es freylich ehender abgepreſſet ſeyn, wann
du eine haſt, und glaubt keiner, ſo ſelbige nicht gebrauchet, was vor herrlichen Nutzen ſie gibt, und
ſollte jeder Buchbinder, in ſoferne er noch keine
hat, ſich eifferigſt darnach beſtreben.

Vom

Vom Beſchneiden.

Nun gehet es an das Beſchneiden, welches in der That eines von Haupt-Fundamenten iſt, und darzu ſo viele Eigenſchaf-
ten hat, welche ein Unerfahrner nimmermehr
glaubet, maſſen nachſtehende 4 Stücke wohl
obſerviret werden müſſen : 1) Deine Preß
muß hübſch gleich ſeyn, und am hintern Balken
ein zöllig Brett zwiſchen denen beyden Spihdeln
veſt und oben wenigſtens einen ſtarken Zoll hervor ſtehen.   2) Muß dein Geſtelle des Hobels
von gutem Holz und guten Meiſter accurat, hinten mit einer Scheibe, die etwas gröſſer als dein
Beſchneid-Eiſen iſt, gemachet ſeyn.   3) Muß
dein Beſchneid-Eiſen nicht Wind-ſcheb ſeyn,
wann du anderſt es um und um nutzen willt.
4) Muß es ſo eingelaſſen werden, daß wann es
mit der Schrauben angezogen wird, es gleich
kommt, wo es aber fehlet, kan mit einem dünnen
Pappendeckel nachgeholfen werden.

Sind nun erſt beſchriebene Stücke alle in
gebührender Ordnung, ſo ſetze dein Buch zum
Beſchneiden ein, unten lege ein Brett in Fals,
welches etwas dicker iſt, als die Stärke deines
Falſes, oben aber lege ein nach dem Winkel
juſt gemachtes Brett darauf, ebenermaſſen in
Fals, doch ſo, daß es gleich, und ſo hoch angelegt

legt wird, als man Willens ist vom Buch weg-
zuschneiden.

Alsdann wird es in die Presse eingesezet, daß
der obere Balken deiner Beschneid-Presse, den
obern vorgelegten Brett gleich zu stehen kommt,
und sonach ein wenig zugepreßt, daß man allen-
falls das Buch noch rucken kan; siehe in soferne
es ein Quart, Octav oder Duodetz ist, oben über
den noch unbeschnittenen Schnitt über, ob selbiger an keinem Ort höher oder Windscheb ist.
Findet sich solches, so mache es vorsichtig gleich,
sonach stark, doch also zugepreßt, daß es oben
um die Wahl, wann es ein clausirtes Buch ist,
etwas mehrers zugepreßt werde: bey einem Buch
aber, so ohne Clausuren gemachet werden solle,
wird es gleich zugepreßt, doch lieber unten etwas
mehr als oben, ein klein wenig macht da so viel
nicht aus, indeme ein Buch in der Beschneid-
Preß so gar lange nicht stehet, mithin es nicht
viel thun kan. Die Fälse hingegen müssen wohl
observiret, damit sie nicht verpreßt werden.

Findet sich nun vorgeschriebener massen alles
recht, so wird der Schnitt gethan, darbey aber
ist nachfolgendes zu erinnern: Gehet dein Hobel
unter sich, so ist zuviel unten, gehet er aber über
sich, so ist zu wenig eingelegt, und mit der Schrauben das Eisen zu hart eingezogen.

Wann von dem Bälklein am Hobel, wo das
Eisen nicht liegt, hinunter gesehen wird, so kan man
gleich sehen, wie solches, und ob es zu hoch oder zu
tief stehet, mithin im Unterlegen und Herausneh-
men

men zu helfen iſt. Schabt aber der Hobel, oder
ſtöſſet vor, (welches leztere ein ganzes Buch
ſchändet, wann hinten das Capital ſo übel einge-
kerbet iſt) ſo lieget das Eiſen nicht gleich, das iſt,
wann es ſchabt, ſo liegt die hintere Seite zu hoch,
und es ſchabt nur im Zuruckziehen. Liegt es
aber vornen oder bey dem Angriff zu hoch, ſo
ſtößt der Hobel vor: Wann es aber am Angrif
oder ſonſten nur ein wenig zu hoch liegt, ſo gehet
der Hobel zwar glatt durch, allein hinten gegen
dem vordern Schnitt zu lauft er zu tief hinein,
und verurſachet eine Spize. Dieſes alles aber
wird damit gehoben, wann ein Eiſen wohl geſchlif-
fen, und gleich gelegt, auch mit einem guten Stahl,
ſo oft ein Schnitt geſchehen, wohl geſtrichen wird.

Am Strich des Stahls liegt oft viel, dann
wann ein Hobel über ſich lauft, kan er wohl etwas mit dem Strich unter ſich gebracht werden,
wann nemlich mit dem Stahl das Eiſen heraus,
entgegen aber hinein, wann er über ſich lauft,
geſtrichen wird: das Streichen aber gehet nur
an, wann das Ober- und Unterſich- laufen nur
ein wenig importiret: trift es aber viel aus, ſo
wird wenig oder gar keine Hülfe damit geſchaf-
fet werden; doch nach jeden Schritt iſt ſehr dienlich, wiederum dem Eiſen mit einem guten Stahl
einen oder etliche Striche zu geben, damit die
Schneidt wieder hergeſtellet wird, geſtalten es
öfters geſchiehet, daß durch die im Pappier befindliche Haften oder Sand das beſte Eiſen ſich
umleget: Wann nun nicht mit dem Strich des
Stahls

Stahls geholfen würde, könnte mit einem Eisen wenig ausgerichtet werden.

Theils brauchen an statt des Stahls einen Wezstein, und erhalten ihren Hobel damit, welches zwar dem Gebrauch nach nicht zu tadeln, allein ich habe wahrgenommen, daß der, so sein Eisen mit einem Wezstein tractirt, es weit ehender ruinirt, als der mit dem Stahl, dann der Stahl greift das Eisen bey weitem nicht so an, wie ein Wezstein, hinterläßt auch keine solche Unsäubere, als welche gar leicht den Schnitt besudeln kan.

Es finden sich auch solche Wind-schebe Eisen, daß öfters ein wohlgeübter Meister sich genug plagen muß, biß er selbige, recht damit beschneiden zu können, in Stand bringet. Hiebey ist nun kein besserer Rath, als man bedeute einen guten Schleiffer, daß er das Eisen folgender maßen schleife: Laß dir ein Brett gleich abhobeln, und darauf lege dein Eisen, sodann weise es dem Schleifer, wie und wo es ungleich ist, da muß dann die ganze untere Seiten-plan recht gleich geschliffen werden, daß wann man das Eisen wieder auf das abgehobelte Brett legt, es überall gleich auflieget, welches auch bey jedem Eisen-Kauf observiret werden kan.

Wann nun alles richtig ist, so wird mit dem Beschneiden folgender maßen verfahren: Der Hobel wird so weit aufgedrehet als das Buch dick ist, und dabey sittsam hinunter gestoßen, bey jedem Stoß aber ein klein wenig zugedrehet,

doch

doch so, daß der Hobel jederzeit laufen kan:
Beyde Hände müssen gleich stark den Hobel
so führen, daß die linke Hand jederzeit die meiste Anhaltung verrichtet.

Wann nun der Schnitt durch, so wird mit
einem guten Messer dasjenige, was gemeiniglich
am Fals stehen bleibet, dem Schnitt gleich abgeschnitten, aber bey einem Folio kan der obere
Schnitt nicht nach dem Gesicht, wie bey Quart,
Octav und Duodetz verrichtet werden, indeme
die obere Rauhe dieses verhindert. Diesem aber
auch recht zu begegnen, so ist wohl zu observiren, wie viel Spatium vorhanden ist, und was
nach Proportion weg darf.

Bey einem Franz-Englischen-Hornband rc.
muß wohl auf den erstern obern Bund achtung
gegeben werden, damit der Kopf nicht zu groß
oder zu klein, mithin im Vergulden keine Dis-form
verursachet wird, so kan mit einem Circul die
Höhe eines Feldes abgemessen, und nach der
Gröse des Buchs, wie oben bey dem Hefften
gedacht, weggeschnitten werden; doch aber ist zu
rathen, ehender zu wenig als zu viel wegzuschnei-
den, warum? wirst du gleich hören.

Ein Winkel-rechts Brett accurat in den
Fals gelegt, und in erwehnter Höhe darnach beschnitten, halte vor das allerbeste. Andere aber
machen es also: wann sie die Höhe bemerket, in
wie weit es soll weggeschnitten werden, so stechen
sie mit einem spitzigen Messer ab, was weg muß,
sodann wird ein Linial genommen, und mit einem
schar-

scharfen Messer etliche Blatt durchgeschnitten,
damit man sehen kan, ob es gleich wird, oder eine
Spitze bekommt, womit man im Beschneiden
sich helfen kan, welche Art auch recht ist. Hauptsächlich aber muß man im Einsetzen wohl acht
geben, daß der Rucken gleich, und keine Seiten
scheb stehet, um keine Spitze zu verursachen.

Ist was versehen, und es kommt ein Spitz
zum Vorschein, so ist kein besser Mittel, dann daß
es noch einmal beschnitten werde, da dann wohl
zu statten kommt, wann man das erstemahl nicht
allzutief eingesetzt, und das Buch einen Messerrucken weit Spatium hat, dann eine Spitz von
einem Messerrucken macht gar viel aus. Ist
der obere Schnitt recht, so wird es abpunctirt,
darzu wird ein Holz gebrauchet, worinnen lauter
Kerblein, wie fast in einem vollgeschnittenen
Kerbholz, oben aber ist ein Quer-Holz, oder nur
eine Steften einzuschlagen, welcher oben angesetzt wird, und die Kerbe so weit es weg muß,
bemerket.

Ich habe an verschiedenen Orten ein com-
moderes Punctur-Eisen angetroffen: Es ist nemlich ein viereckigtes Stänglein Fingers breit,
wie Tabella I. Fig. A. zu sehen, so lang als
ein groser Regal-Bogen B.; dieses Riegelein
C. ist mit einem Schräublein versehen D.; da
dann in so weit es gestellet, zugedrehet, und sonach die untere Spitze im Riegelein E. in das
Buch eingedrucket wird, welches nicht anderst
dann sehr accurat sich geben muß.

Die

Die beyden Striche werden mit dem Punctir-Holz oder Eiſen, und zwar einer nicht weit vom Rucken, und der andere nicht weit vom vordern Schnitt an das Buch gemacht, damit ſie wohl von einander ſtehen, und das Beſchneiden darnach geſchehen kan: Der untere Schnitt geſchiehet von hinten an; und muß bey allen Franz- und dergleichen Bänden wohl beobachtet werden, 1) daß man denen Bünden nicht zu genau komme, 2) ſie wie oben am Kopf Spatium behalten.

Hat dein Buch eingeſchlagene Kupfer, welche zerſchnitten werden könnten, ſo ſiehe nach, ob keines ſich aus dem Bruch gegeben, und verſchnitten werden könnte.

Die Titul leiden zuweilen auch Noth, wann ſie nicht mit Fleiß, wie beym Falſen bemerket, beſorget worden ſind: Findeſt du nun etwas, ſo der Hobel beſchädigen kan, ſo müſſen die Kupfer zurecht gemachet, die Titul aber ausgeſchnitten, und beſſer eingemachet werden.

Bey Büchern, ſo die Bünde zieren ſollen, muß wohl zugeſehen werden, daß der Schwanz, wie es geheiſſen wird, oder das Ende und letztere Feld nicht kleiner, ſondern ehender etwas gröſſer als der Kopf gelaſſen werde, indeme es recht ſchändlich ausſiehet, wann das Ende am Buch kürzer als der Kopf zu ſtehen kommt, und man es lieber hat, wann es unten um einen Meſſerrucken, oder nach Proportion deines Buchs um

einen Quer-Finger länger iſt als ein anderes
Feld.

Wann es eingeſezt wird zum Beſchneiden,
ſo muß es im Fals auf ein Brett gleich, und zwar
auf die ſchon beſchnittene Seiten geleget, dabey
aber wohl zugeſehen werden, daß es gleich liegt,
und ſodann wird von hinten zu beſchneiden angefangen, und wie bey dem obern Schnitt genau
marquiret, daß das Buch recht gleich ſtehet.
Hat man nun an der Gleichheit des eingeſezten
Buchs einen Zweifel, ſo darf man nur den
obern Schnitt und Rucken, nach umgekehrter
Preß anſehen, und wann dieſe gleich ſeyn, keck
zudrehen, und erwehnter maſſen das Buch unten beſchneiden: Iſt es aber ungleich, ſo gibt es
ſich von ſelbſten, daß es vorhero gleich gemachet
werden muß.

Wann nun der Schnitt geſchehen, ſo wird
das Buch wieder aus der Preß genommen, und
nachgeſehen, ob keine Spitzen vorhanden. Findet man nun dergleichen, ſo muß freylich der
Schnitt noch einmahl geſchehen und auf der
Seiten nach befundener Gröſſe der Spitzen mehrers weggenommen werden; wobey dann abermahlen einem wohl zu ſtatten kommet, wann
man ſich angewöhnet, ein Buch anfangs nicht
allzuweit zu beſchneiden. Iſt alles recht, ſo bu-
ze, was etwann nicht gar vom Hobel weg gemacht, mit einem Meſſer wohl ab.

Ehe es vornen beſchnitten, wird es vorhero
mit Nadeln aufgeſtecket, und hat man heut zu
Tage

Tage a parté darzu gemachte starke, zu Büchern
mit dünnen Bünden aber dünnere Nadeln, ja
sogar, wann das Buch dick ist, werden Auf-
bundhölzer darzu gebrauchet; Ehe aber das
Aufstecken vor sich gehet, wird das Buch aufgemachet, und der runde Buchrucken mit einem
kleinen Hämmerlein gleich geklopfet: Ist aber
meinem oben bey dem Leimen gegebenen Rath
nicht gefolget, und das Buch allzu dick geleimet
worden, so wird man finden, daß der Rucken
nicht allein sich sehr hart gleich machen lasse, sondern wohl gar bricht, daß man vom Rucken an
in das Buch sehen kan, dabey ist kein besser Mittel, dann daß der Rucken solang gelind eingene-
zet werde, biß er sich besser tractiren lässet, und
sodann wird das Buch mit der Aufsteck-Nadel
aufgestecket: Stich erstlich ein wenig hinten vor,
und sodann wird es von vornen aufgesteckt, und
hinten, wo mit der Nadel vorhero geholfen
worden, es ebenermassen gefasset, doch so, daß in
einem Duodez oder Octav über 3 Fäden nicht
aufgestochen, bey einem Quart und Folio hingegen können mehrere genommen, aber nicht an
einem Ort viel, im andern aber wenig Fäden,
sondern überall gleich angestochen werden, dann
sonsten, nachdeme es aufgesteckt ist, sich ergeben
wird, daß hint und vornen einige Bögen sich ungleich aufgezogen haben, welches zwar einem gemeinen Buch nichts thut, aber beym Verguldten schadet es mehr als einem lieb ist.

D 2 Wann

Wann es aufgeſteckt iſt, habe ich die Gewohnheit, daß ich es mit einem Bindfaden hinten am Fals zuſammen binde, damit es ſich nicht
ſchiebet; und wann es vornen beſchnitten iſt, und
die Nadeln heraus gethan, ſich keine Staffeln
zeigen.

Daferne aber das Buch groß und dick, ſo
iſt das Aufbinden nöthig, dabey weiter nichts
zu erinnern, als daß die Schnüre wohl angezogen werden, damit die Aufbündhölzer veſt liegen
bleiben.

Im Beſchneiden wird ein klein Buch als
Octav, Duodetz und dergleichen nur nach dem
Sattel beſchnitten. Man verfähret damit alſo:
Wann das Buch aufgeſteckt, und ſich der Ru-
cken gleich zeiget, ſo wird mit einem Bleyſteft,
oder auch nur mit dem Nagel am Daumen ein
Zeichen gemacht, wie weit weggeſchnitten wer-
den ſolle; alsdann wird das Buch auf einen
Spalt gethan, und nach dem gemachten Zeichen
eingeſetzet.

Den Spalt hat man derentwegen vonnö-
then, weilen die Preſſen durch das öftere Beſchneiden ſo ausgeführt werden, daß ein Brett
groſe Kerben bekommt; und alſo wann ein Buch
ohne Spalt beſchnitten würde, es hinten ein-
reiſſen müſte, weilen es ſchon gedachter maſſen,
um der Kerben willen, hinten nicht wohl veſt
ſtehen kan.

Heut zu Tage hat man commode Sättel im
Gebrauch, welche in der That einem Buchbinder

der ſehr wohl zu ſtatten kommen, zumahlen wann
etliche oder eine Quantität Bücher von einerley
Sorte nacheinander beſchnitten werden müſſen,
dann da darf nur das erſte abgezeichnet, die
übrigen aber alle nach dem einmahl veſt geſtell-
ten Sattel fortbeſchnitten werden; jedoch iſt jederzeit nach dem Sattel dergeſtalt einzuſezen,
daß keine Seiten tiefer in der Preſſe ſtehet, als
die andere, und darf nur der Sattel zwiſchen
denen Vice-Bünden und erſten Bund angeſezet
werden; dann wann dieſe accurat im Sattel
paſſen, ſo iſt das übrige auch gleich.

Folia und gröſſere Bücher hingegen, als der
Sattel umfaſſen kan, werden folgender maſſen
tractirt: Mit der Punctur, wann es vorhero auf-
gebunden iſt, wird vorn und hinten abgeſtochen,
was weg ſolle: ſodann auf die hintere Seiten
mit einem Linial in beyden Stichen noch mit einem Bleyſtefften eine gerade Linie, an beyden
Enden aber am obern und untern Schnitt mit
den Bleyſtefften ein Zeichen gemacht, und ſonach
in die Preß eingeſezt. Hier muß nun der Spalt
weggelaſſen werden, dann es wird alſo eingeſezt, daß wann es der obern Punctur nach am
obern Balken gleich ſtehet, ſo ſiehet man nach
dem oben und unten gemachten Zeichen, und
ruckt ſelbige ſo lange, biß ſie den obern gleich
ſtehen, und alsdann wird die Preß ſcharf zugedrehet.

Im Beſchneiden muß man ſich, wann es gegen hinten kommt, wohl in acht nehmen, daß

es

es nicht einreißt, weilen die Preſſen oder das Preßbrett meiſt ausgeloffen; Dahero, wann man faſt durch iſt, ſo ſtreiche den Hobel noch⸗ mahlen wohl, und drehe nicht hart zu, ſondern fahre gantz gelind auf und ab, biß du durch biſt; auf ſolche Art kanſt du noch ziemlich zurecht kommen. Beſſer iſt es, wann man zu Foliis oder ſtarken Quarten ein a part Beſchneidbrett hält, welches allezeit hierzu gebrauchet werden kan.

An einem gantz neuen Beſchneidbrett wird zu erſt mit Dinten, oder nur mit einem Bleyſteff⸗ ten, dem obern Balken nach ein Strich ge⸗ macht, nach welchem hernach das Buch einge⸗ ſetzt und beſchnitten wird, und wann ſolches ge⸗ ſchehen, ſo preß es aus und hilf hier und dar, wo etwann eine Ungleichheit iſt, mit einem guten Meſſer nach; und daferne das Buch nicht ver⸗ guldt oder marmorirt und dergleichen werden ſolle, ſo binde es loß, und ziehe die Aufſteck⸗Na⸗ deln heraus, mache den Rucken wieder rund, und ſchwinge das Buch etliche mal, damit wann ſich ein Bogen oder ſogenanntes Ohr eingeſchla⸗ gen, ſolches zum Vorſchein kommen, und ab⸗ geſchnitten werden kan.

Vornen und hinten ſtehen gemeiniglich etli⸗ che Blätter, oder auch bey groſen Werken et⸗ liche Bögen vor, welche mit einem guten Meſſer wohl und gleich abgeſchnitten werden müſſen. Einige nehmen gar ein Linial, und ſchneiden das Vorſtehende weg, welches auch nicht zu ver⸗

wer⸗

werfen ist.   Findet sich sonst was Ungleiches,
so wird es so viel möglich gleich gebutzt, und
mithin zum Färben darbereitet.

Vom Färben der Schnitte.

Die Farben werden, nachdeme es desideri-
ret wird, zugerichtet: Grün wird von
Intig Aurum Pigament, auf einem Marmor-
stein mit purem Wasser, je klärer je besser,
abgerieben; soll die Farb hell‧grün werden,
so wird nur mehr Aurum Pigament genommen, wann sie aber soll dunkler werden, so
muß mehr Intig genommen, und wann es
fertig, mit weissem Kleister abgerieben werden.
Ich mache es also: So viel Farb es ist, so viel Kleister nehme ich, und menge solches mit einem
Benzel in dem Geschirr wohl untereinander.
Dann habe ich jederzeit Gummi‧Wasser im
Vorrath, welches also ansetze: Ich nehme ein
Loth Gummi Arabicum, und ein Viertel-Maas
Wasser, lasse gedachten Gummi darinnen zer-
weichen, welches an einem warmen Ort in 24.
Stunden geschiehet; In soferne dein Gewicht
dem Nürnberger nicht gleich ist, hat es so viel
nicht zu bedeuten. 1) Die Vernunft lehret je-
dem selber, daß wann der Papp oder Kleister

D 4   dick,

dick, man nicht so viel brauchet, als wann er dünn ist. 2) Von diesem Gummi-Wasser schütte ich unter die angemachte Farbe so lang, biß sie wie ein dünner Brey wird, alsdann mache es mit gemeinen Bronnen-Wasser sehr-und so dünn, daß es etliche mal muß gefärbet werden, dann wann die Farb zu dick ist, so springet es gerne ab. Wann du nun deine Farbe also tractirest, so versichere ich, daß sie gewiß recht ist, und nicht abspringet.

Eben auf eine solche Art wird der Zinober angemacht, und ist nur dieses hauptsächlich hiebey zu beobachten, daß die grüne Farb und Zinober, mit welcher gesprenget werden solle, allezeit etwas dicker seyn muß, als wann ein Buch ganz gefärbet wird.

Im Sprengen ist wohl darauf zu sehen, daß die Tropfen gleich kommen, welches am füglichsten geschehen kan, wann der Bensel nicht ganz voll Farb ist, und muß der Finger, wormit man den Bensel beweget, ein, wie das andermal sich gleich stark am Bensel machen, damit die Tropfen nicht einmal in grösserer Quantität und pflatschigter kommen als das andere mal: nebst deme muß auch die Hand mit dem Bensel gleich recht beweget werden, damit sie nicht an einem Orte stehen bleibt, und die Tropfen duplirt werden, am andern aber sparsam und dünn hinkommen, mithin das Buch ungleich gesprenget wird.

Wann

Wann aber das Buch recht egal soll gesprenget werden, so fange erstlich vorne an:
dann weilen es geschiehet, daß die Färb, wo das
Buch hoch liegt, nicht egal hinkommet, so wird
solches, wann es vornen halb gesprenget ist,
umgewendet, (ich meyne, wann es durch und
durch gesprengt, doch aber erst halb genug Farbe darauf ist) und sonach gar ausgesprenget.

Wann der vordere Schnitt fertig, so nimm
den obern oder untern vor dich, welches alles
gleich gilt, doch so, daß gegen die linke Hand
der Rucken kommt, dann wann der Schnitt
dahin lieget, kan nicht wohl verhindert werden,
daß nicht vom obern- oder untern Sprengen
wieder Tropfen hinfallen, und dardurch der
vordere Schnitt ungleich wird: Soferne du
aber links bist, so muß der Schnitt zur lin-
ken- und der Rucken zur rechten Hand geleget werden.

Wann aber das Buch Französisch gesprenget werden solle, daß ist grün und roth, so wird
es am ersten mit Saft-grün, so dünn als in jedem Ort Mode ist, gesprenget, und wann die
grüne Farb ein wenig angetrocknet, mit der rothen darauf.

Der Saft-grün wird mit nichts dan purem
Wasser angemacht, und so geräth blau Gum-
mi-Gut; Ingleichen die rothe Eßig-Farb und
blau werden ebenermaßen als Säfte tractiret,
soferne einige gebraucht werden. Wann aber

D 5   Dei-

deine Farb gar nicht egal vom Benſel will, ſo
gieſe nur ein paar Tropfen Baum-Oel auf ein
darzu gehaltenes Brettlein, und reibe es darauf
mit Farb ab, es wird ſie ſchon zurecht bringen.

Von marmorirten Schnitten.

Marmorirte Schnitte werden von ver-
ſchiedenen Farben gemacht, als dunkel-
blau von Intig, hell-blau von Berlin-blau,
ja wer es aufwenden will, gar von Ulterma-
rin, grün von Saft-grün, gemein grün von
Aurum Pigment, und Intig; Grünſpan thut
auch ſeine Dienſte, aber er läſſet ſich nicht
wohl glätten; ja man macht auch marmorirte
Schnitte von Umbra; roth wird von Kugel-
Lack und Zinober, wo es aufgewendet wird,
gar von Carmin gemacht, welches Leztere ungemein wohl läſſet.

Wie aber die Farben und das Marmoriren
tractirt wird, will gleich lehren: Es wird
nemlich das beſchnittene Buch in eine ſtarke Hand-Dreß, zwiſchen zwey Bretter-Spälte,
die ſo viel möglich ſo breit als die Preß-Balken ſeyn ſollen, eingeſezet, doch aber dörfen
ſie nicht über die Helfte ſchmähler als gedachte
Preß-Balken ſeyn, aus Urſach, weilen, wann
das

das Buch hart zugepreſſet wird, ſich die Balken, um wielen die Spälte zu ſchmal ſind, hinten mehr zuſammen ziehen als vornen, mithin
es vornen belzigt werden muß, und ſich nicht
gut marmoriren laſſen kan: Sind aber die
Spälte ſo groß, daß ſie weit über die Preßbalken heraus reichen, ſo ſpringen ſie gerne ab,
doch thut es dem Buch nichts.

Wann es nun ſolle eingeſezet werden, ſo verfahre alſo: Lege eine Preß auf ein Tiſch-Eck,
daß beyde Spindel vor dich kommen, (ſoferne
der Tiſch gleich iſt, in deſſen Ermanglung aber
lege ein Brett darauf) und ſodann das Buch
mit dem Schnitt auf den Tiſch, und beyde
Spälte hint und vornen an: Das Buch preſſe ein
klein wenig zu, unt mit einem Hämmerlein klopfe
den Rucken ſittſam herunter, damit er auf dem
Tiſch gleich zu liegen kommt, die Spälte drücke mit
einem Finger an einem Orte auch von hinten zu
ſtark gegen den Tiſch, und klopfe mit dem
Hämmerlein auf der andern Seiten immer hinunter, damit das Buch nicht über den Spalt
heraus ſtehet, ſonach preſſe ein wenig beſſer zu,
doch alſo, daß, in ſoferne die Spälte nicht recht
ſtehen, ſie noch gerucket werden können. Wann
alles gleich iſt, ſo wird je härter je beſſer zugepreſſet, und dabey wohl zugeſehen, daß das
Buch über einen Meſſerrucken hoch nicht heraus
ſtehet, auch mit denen Spälten nicht über denen
Preßbalken drinnen; dann ſtehet es zu weit heraus, ſo muß es belzigt werden, ſtehet es aber
über

über denen Balken drinnen, so kan man im Abschaben nicht recht vor sich kommen, sondern
wird dadurch gehindert.

Sind die Spälte, wie ordinaire geschiehet,
zu hoch vom Buch, so nimmet man einen Meis-
sel, oder nur den Ausstoß-Hobel, und richtet
die Spälte dem Schnitt gleich: alsdann wird
eine gute Raspel genommen, und der Schnitt
überraspelt, doch muß man sich wohl in obacht
nehmen, daß derselbe nicht mit denen Ecken der
Raspel eingestossen werde, dann dem Schnitt
dadurch ein Schaden zugefüget würde, welcher
zu verbessern viele Zeit erfordern, oder gar incurable werden könnte.

Ist das Buch geraspelt, so wird, was ungleich oder belzigt mit einem Messer, biß es allenthalben gleich ist, abgeschabet, und martern
sich viele damit sehr ab: ich habe mir aber Messer machen lassen, welche mir vortreflichen
Dienst thun, und sind solche wie ein halb Be-
schneid-Eisen beschaffen, wie Tab. Fig. F. zu
sehen, auf der einen Seiten aber mit einem
Heft versehen, worzu einen glatten Gerbstahl
halte.

Wann du nun ein solches Messer brauchen
willt, so streiche es mit gedachtem Stahl wohl
ab, und fahre mit größter Forsch über die Schärffe des Messers, welches verursachet, daß das
Messer auf beyden Seiten einen Grad bekommt, und ist also mit solchem ungemein wohl
und glatt zu schaben: Wird aber das Messer
allzu-

allzustumpf, daß daran kein Streichen mehr
helfen will, so gibt die Vernunft von selbsten,
daß es soll und muß geschliffen werden.

Ist nun das Buch gedachter massen abgeschabet, so wird es mit frischen Wasser überfahren, und zwar darum, damit der Schnitt
auflaufet, und von Wasser etwas quillet, wornach man ihn wieder antrocknen lässet, und sodann mit einen Pferdt-Zahn wieder abglättet,
in solang aber biß der Schnitt trocken wird, kan
man die Farb darbereiten, und zwar also: Intig ist die gemeinste- und fast wohlfeilste Farbe zum
Marmoriren, und wird so angemacht: Nimm
ein Stücklein feinen harten Intig, so nicht weiß
aussiehet, und mache ein Eck von deinem Reib-
Stein, oder deinem Scherf-Stein recht rein,
sodann nimm einer halben Haselnuß groß feinen
Stärk-Kleister, und reibe mit dem Intig gleich
einem kleinen Reiber gemach herum, damit der
Intig nicht zerspringt, doch aber im Reiben etwas von seiner Farb fahren lässet; wird nun
das Abgeriebene etwas zu dick, können etliche
Tropfen rein Wasser öfters daran gethan werden, biß es etwas dicker wird als eine Spreng-
Farb, alsdann überstreiche den Schnitt mit
dünn gemachtem feinen Stärk-Kleister hübsch
gleich, und thue sonach die Farb gleich darauf,
und ziehe solche mit dem Finger flammigt oder
rund: ich schneide auch in ein Hölzlein von Birn-
baum-oder andern Holz 2. oder 3. Zähnlein,
und durchziehe sogleich nach dem Marmoriren
den

den Schnitt Schlangen-weiß je 1. oder 2.
Finger breit von einander, welches sehr gut stehet: dann thue das Buch also naß aus der Presse, und blättere es wohl auf, damit die Blätter
nicht zusammen kleben, doch muß man sich in
acht nehmen, daß im Voneinanderblättern mit
Angreifen oder Anstossen der Schnitt nicht verdorben wird, und lässet es sich am commode-
sten an denen Ecken aufblättern.   Eben so wird
verfahren mit Saftgrün, Umbra und Kugel-
Lack, aber Zinober und Carmin, Berlinblau
und dergleichen Farben werden also angemacht,
wie oben bey dem Sprengen erwehnet; im Auf-
streichen aber wird es gehalten, wie erst bey
dem Intig gemeldet worden; so viel habe noch
darbey zu erinnern, daß am Kleister das meiste
gelegen, und ohnmöglich ohne denselben marmorirt werden kan.   Einige Schnitte sollen auch
zuweilen mit einem Spiegel verguldet werden;
wie daben zu verfahren, wird gleich nach dem
Schnittvergulden zu ersehen seyn.

Vom Schnittvergulden.

Was nun das so schöne- und jetziger Zeit
so gewöhnliche Schnitt-vergulden anbelanget, so wird das Buch eingesetzt, und
abge-

abgeſchabt, wie bey den Marmoriren gezeiget
habe, ſonach auch mit Waſſer überfahren, und
wann es trocken mit einer Handvoll Pappier-
Späne wohl abgerieben und abgeglättet. Einige nehmen unter das Waſſer Umbra, oder
Saftgrün, welches leztere weit ehender billige,
als das Erſtere, dann Umbra iſt eine Sand-
Farbe, und dahero leicht zu erachten, daß wo
dieſer ſich anſetzet, es ſchlimm zu glätten iſt,
wann das Gold darüber kommt; warum aber
Saftgrün genommen wird, iſt wohl keine andere Urſach, als daß es 1.) das Gold in etwas
erhöhen.   2.) Wo es ein wenig Riß hat, oder
abſpringet, der Saftgrün dieſen Fehler emen-
diren ſolle: ich halte aber Safran vor viel beſſer, weil ſolcher ehender Gold-Farb hat.

Ich meines theils brauche nichts dann reines Waſſer über das abgeſchabte Buch wie
ſchon erwehnet, und zwar deswegen, damit wo
etwann die Preß nicht alle Blätter ſchlieſſen kan,
es quillet, und einige Feuchtigkeiten hinterläſſet.
Der Grund oder das Eyerweiß wird gemeiniglich mit ſo viel Eyerweiß als Waſſer, und ein
wenig Salz mit einem Querl abgeſchlagen, angemachet (da muſt du dich aber wohl vorſehen,
daß ja nicht das mindeſte vom Eyerdodtern darunter kommt, dann ſonſten der Schnitt ohnmöglich halten kan) ſodann läſſet man es ſolang
ſtehen biß ſichs vom Geſt abſondert.   Ich habe
es aber durch langes Nachſinnen weiter gebracht:
dann wann ſchon die Helfte Waſſer genommen
wird,

wird, so habe doch gefunden, daß das Eyerweiß noch zu stark ist, nehme also fast 2 Teile
Waſſer und einen Theil Eyerweiß, und zwar
dieſes darum, weilen man, wann das Eyerweiß
zu ſtark iſt, allenthalben ſiehet, wo es zuſammen
gehenget, und nur ein wenig im Auftragen runzelicht wird, maſſen die Stärke des Eyerweiſ-
ſes durch das Gold ſchläget, und obſchon das
Gold in duplo liegt, iſt es doch zu ſchwach, ſolches ſo veſt zu faſſen, daß es hält, ſondern das
Eyerweiß bleibt auf dem untern Gold liegen,
und das obere gehet im Glätten weg, wovon
dann die ſo übel ausſehende Streife kommen,
und von nichts anders als dem Eyerweiß cauſiret werden.

Ich habe erſt geſagt, es ſchläget durch das
einfache Gold, und faſſet das doppelte nicht gar,
welches zwar durch das Andrucken mit Baumwollen mehr befördert, hingegen aber man finden wird, daß wann das Eyerweiß etwas
ſchwach iſt, die Riſſe oder Streife alle ver-
mieden werden, indeme dieſes Durchſchlagen von
Eyerweiß nicht ſo viel zu bedeuten hat, wann
man nur mit Andruckung der Baumwollen etwas
gelind verfähret, welches auch gleich anführen
werde.

Nachdeme nun der Schnitt wohl abgeſcha-
bet, mit Waſſer angefeuchtet, und wieder ab-
getroknet iſt, ſo wird ſolcher mit Pappier-Spänen abgerieben und geglättet. Das Abreiben
muß ſolang geſchehen, biß der Schnitt über und
über

über etwas glänzend wird; will es aber nicht
überall glatt werden, so ist an dem Ort, wo es
rauch bleibet, annoch Feuchtigkeit vorhanden,
und also noch eine Weile auf das Trocknen zu
warten: Hat es aber nicht so lange Zeit, so reibe
mit denen Pappier-Spänen solang, biß es trocken und glänzend wird, allein solche abgeriebene, und gleichsam gezwungene Schnitte kleben
gerne, und haben noch überdiß das Malum an
sich, daß man es sehr stark siehet, wann die
Blätter geöffnet werden, ist also das Beste, ein
vernünftiger Buchbinder richte seine Sachen so
ein, damit er ein Pressen oder 8. im Vergulden
zusammen bringe: hat er aber die Gelegenheit
nicht, so mache er, biß sein Schnitt trocken
wird, etwas anders darzwischen, dann auf einen Schnitt zu warten allzu verdrüßlich ist, maß-
sen es die Unkosten, ratione der Zeit-Versaum-
niß, nicht zahlet.

Wann man aber nur 2 Pressen zugleich mit
eingesezten Büchern zum Vergulden hat, so
kommt man noch ehender zurecht, dann sobald
eine abgeschabt ist, ergreiffet man die andere,
wann zuvor die erstere mit Wasser angefeuchtet
worden: bis nun die andere eingesezt und abgeschabet wird, ist die erstere trocken, und biß die
trockene mit Gold aufgetragen, wird die andere auch trocken, mithin gehet es recht hurtig
hinter einander her, doch aber nicht so geschwind,
als wann 4. 6. 8. oder mehr Pressen auf einmal
zum Vergulden habe.

Buchb. I. Theil.   E   Biß

Bis hiehero habe nur vom Abschaben und Zurichten eines neuen Buchs gesprochen, jezt aber fället mir ein, daß auch zuweilen ein altes soll und muß verguldet werden, welches manchem rechtschaffenen Buchbinder sehr verdrüßlich vorkommt, in Ansehung 1) solche Bücher sich nicht wohl derb schlagen lassen, mithin sich belzigt zeigen, wann sie abgeschabt werden, 2) sind sie gerne fett von den Fingern und Schweiß der Menschen, 3) vielmahlen sogar nach dem Auftragen im Glätten das Gold wieder abgehet. Deme allen aber kan gar leicht, und zwar folgender Gestalt abgeholfen werden : Zeigt sich dein altes Buch im Abschaben belzigt, so nimm von Octav-Brettern Finger breite Keile, welche vornen ganz schreg ausgestossen werden müssen, damit sie eingehen, hinten aber doch wie ein Keil, dicker seyn: schlage solche zwischen die Presse und den Spalt herunter, und wann es noch belzigt ist, so mache es auf der andern Seiten auch also, bis es sich abschaben lässet: sonach nimm eine Zwiebel, schneide solche voneinander, und reibe das Buch anstatt der Anfeuchtung damit ab, so wird die Fettung ziemlich damit zuruck getrieben, und das Buch sich wohl vergulden lassen, und darf man nur in Ermanglung der Zwiebeln unter eine Nuß-Schalen voll Wasser 3. oder 4 Tropfen Vitriol-Spiritum mengen, so thut es auch die Dienste.

Nachdeme nun deutlich gewiesener massen das Buch zugerichtet, eingesezt, abgeschaben und

und abgeglättet worden, so trage es mit Gold
auf, wie folget: Nimm einen Circul, und messe die Breite vom Buch, sodann schneide das
Gold darnach, ist aber das Gold-Blättlein
schmähler als das Buch, welches aufgetragen
werden solle, so werden 2 auch 3 Blättlein in
der Breite zusammen gehänget, solang das Buch
ist, ja es muß auch nach Proportion der Länge
des Buchs das Gold 2. und mehr Messerrucken
länger als der Schnitt seyn, angesehen die Vernunft und Erfahrung lehret, daß wann auch der
geübteste Vergulder einen Schnitt aufträget, er
zuweilen einen Fehlzug auf einen Messerrucken
breit thut, ohne zu gedenken, daß öfters bey dem
Ansatz des Schnitts das Gold oben sich etwas
faltet, und dardurch kürzer wird, mithin unten
nicht langen kan; wie diesen zu helfen wird unten gezeiget.

Ist nun das Gold gewiesener massen zusammen gehänget, so überfahre den Schnitt mit
Eyerweiß, sodann lege das Gold dergestalt auf
das Auftrag-Blat, daß es oben einen Messerrucken breit über dem Auftrager abhänget; den
Auftrager visitire vorhero wohl, ob er nicht unten oder oben unrein ist, lege die Presse mit den
Buch gerad, wie dann auch das Gold auf dem
Auftrager ebenfalls gleich liegen muß, alsdann
überfahre den Schnitt mit dem oben gemelde-
tem Eyerweiß, mit einem nicht allzu vollen
Schwammen, noch einmal, aber fein gleich,
daß es an keinem Ort dicker oder dünner zu lie-

E 2 gen

gen kommet, auch kein Gest oder Bläßlein sich
auf dem Schnitt zeigen.

Wann nun alles mit dem Eyerweiß gleich
bestrichen, so lasse, was von Gold über den
Auftrager abhanget, am Schnitt anziehen oder
ankleben, und observire nochmahlen die Gleichheit, sodann ziehe so geschwind du kanst, den
Auftrager an dich und hinweg, da wird das
Gold sich auf dem Schnitt befinden: Bey diesem Auftragen des Goldes must du acht haben,
das alles Wind-frey ist, ja sogar dich, solang
es sich noch nicht an das Eyerweiß angehänget
hat, des Schnaubens enthalten, damit das
Gold in keine Confusion gebracht, und nicht
verdorben werden möge; dann wann es schon
vom Wind oder einem andern Zufall untereinander gewickelt wird, hat es nicht viel zu bedeuten, angesehen es wieder subtil voneinander und
zurecht gebracht werden kan. Ein Folium, so
sehr lang, auf einmal aufzutragen, ist nicht zu
rathen, sondern besser, wann man darzu 2.
Auftrager gebrauchet, und auf jeden die Helfte
von der Länge des Golds leget, und muß, wann
die erste Helfte aufgetragen, die andere Helfte,
Seitenwärts schon von jemand gehalten werden, damit ohne langen Verzug es auf den
Schnitt gleich gebracht werden kan.

Nach dem Auftragen siehe fleißig zu, ob nicht
hier und dar sich Risse ergeben, oder Weisses
zeiget, da kein Gold hingekommen ist; so nun
dergleichen zum Vorschein kommet, flicke es geschwind,

schwind, ehe das Eyerweiß eintringet oder trocken wird, und wo das Gold nicht recht anlie-
get, dupfe mit einer reinen Baumwolle es nieder, nimm dich aber wohl in acht, daß die
Baumwolle nicht auf das neben ausgestrichene
Eyerweiß kommet, und damit das Gold oben
benetzet wird, dann sonsten es auf dem Schnitt
incurable Flecken gibt, welche sich nicht gleichfärbig glätten lassen. Zu dem Ende verfahren
vorsichtige Buchbinder mit der Baumwollen also: Wann ihnen dergleichen zum Gebrauch
dargegeben wird, visitiren sie solche wohl durch,
ob keine Knoden oder sonsten etwas Hartes darinnen ist, dann wann sich Holz-Splitter und
dergleichen finden würde, und man wollte mit
solcher Baumwolle das Gold niederdrucken, so
thäte solche Härte das auf noch naß- und wei-
chem Grund liegende Gold leicht auseinander
schieben, und somit Flecken verursachen.

So oft mit der Baumwolle der Schnitt
berühret worden, muß man damit an die Stir-
ne fahren und fühlen, ob sie keine Nässe bekommen, dann wann sie sich naß befindet, kan man
selbige umwenden, damit ja nichts nasses auf
den obern Schnitt oder das Gold kommen möge, will man anderst keinen unsaubern Schnitt
haben.

Hast du aber mit dem Gold einen ungleichen
Zug gethan, welches, wie schon erwehnet, denen besten Meistern passiret, oder es ist unten zu
kurz, so schneide geschwind Streife, und thue

E 3　　　　　　einen

einen Circul Blättleins weit voneinander, ma=
che beyde Spizen mit Gesicht = Fett etwas
feucht, damit das Gold klebend bleiben, und
das Fehlende damit ergänzet werden möge, so=
dann drucke es mit Baumwolle an, und lasse
den Schnitt eine halbe Stunde stehen, biß er
zum Glätten trocken genug ist: Willt du nun se=
hen, ob dein Schnitt trocken genug ist, so darfst
du nur mit einem Finger an denen Holz-Spal=
ten nach der Länge hinunter reiben; dann wann
an denen Spälten das Gold noch weggehet,
oder man gar noch ordentliche Nässe spühret, so
muß es noch eine Zeitlang stehen gelassen
werden.

Ist aber der Schnitt trocken, so verfahre
damit folgender Gestalt: Fahre mit der Hand
an das Gesicht, oder an die Haare, wo etwas
Fettes vom Schweiß hinterblieben, oder nehme
einer halben Linsen groß reines Unschlicht, und
überreibe damit das untere Theil deines Arms
wohl, und überdrucke mit solchem den nunmeh=
ro trockenen Schnitt bestens, alsdann fange an
ganz gemach mit dem Zahn von einem Hund
über die Quer des Schnittes zu glätten, darnach
überfahre den Schnitt mit einem reinen und nicht
rauhen Tüchlein. Findest du nun, daß wider
Verhoffen das Gold an ein und andern Orten
weggehet, welches gerne geschiehet, wann 1)
mit dem Auftrager bey ohnehin warmen Wet=
ter oder stark eingeheizter Stuben, im Auftra=
gen allzusehr auf den Schnitt gedrucket worden,
und

und das Eyerweiß weggerieben ist, oder 2) wann die in einem Fehl- oder schregen Zug, oder 3) im Auftragen am Gold geschehene Risse nicht zeitlich genug geflicket, mithin allzu trocken worden, daß das Gold das Eyerweiß nicht mehr halten können, so nehme ein zartes Mahl- Benzelein, und mache es nicht gar zu voll von Eyerweiß, überfahre damit die Orte ganz gelind, wo das Gold weggegangen ist, zuvor aber hal- te das Streiflein Gold schon parat, und lege es sogleich darauf, wann es erst erwehnter mas- sen mit dem Benzelein angefeuchtet worden, so- dann drucke es mit der Baumwolle ganz subtil an, und lasse es wieder eine Weile trocknen.

Hast du aber nach der erstern Ueberglättung und Abwischung mit dem Tüchlein an deinem Schnitt, das etwas abgehet, nicht gefunden, so glätte den Schnitt nach der Länge etwas stär- ker, als es das erstemal über die Quer besche- hen, und zum andernmal über die Quer glätte so hart und stark du kanst, angesehen je besser es da glättet, je planker und schöner der Schnitt werden wird. Das andere mal wird auch ziemlich stark über die Länge des Buchs geglättet, damit die von dem starken Quer- Glätten sich ereignete Staffeln gleich werden, sodann der Schnitt ganz gelind polirt, oder noch einmal über die Quer geglättet, und al- so durch fünfmaliges Ueberglätten zur Genüge ausgearbeitet, und fertig, mithin ausgenom- men wird.

Soll

Soll es aber gar fein werden, kan man den
Schnitt noch zweymal nachglätten, nemlich einmal über die Länge, und einmal über die Quer,
doch halte es vor unnöthig, wann erst gewiesener maßen der Schnitt die fünfmal recht im
Glätten überfahren worden ist.

Unter dem Glätten ereignen sich zuweilen
Risse, welche daher kommen, wann 1) eiserne
Haften oder meßingne Splitter im Pappier sich
befinden, und man sie nicht, wie bey dem Beschneiden und Einsezen gesagt, heraus gethan,
oder 2) daferne in das Pappier Sand gekommen, von einer mit Sand bestreuten Stuben,
welche ohnehin vor Buchbinder wegen der Pressen und anderer Umstände sich durchaus nicht
schicken, maßen der Zahn davon scharf wird,
mithin reissen muß, der Sand aber sich zerknir-
schet, und also ebener maßen zum Reissen Anlaß giebet. Deme allen aber abzuhelfen gehet
fast schwer her, doch probire es also: Die
Haften, weilen sie sich nicht so leichte heraus
bringen lassen, drucke, wo möglich mit einer
Messer-Spize zuruck, damit der Zahn nicht
mehr an selbige kommen kan, und den Sand
grabe mit einer Nadel heraus, mit dem rauh
gewordenen Zahn aber fahre über die rauhe Seite eines Stückleins Cortuan, welches mit Trip-
pel oder Kreiden bestreuet worden, oder glätte
nur stark auf einer Presse, oder sonst hartem
Holz, so wird der Zahn wieder zurecht gebracht;
ein andersmal aber vergiß nicht, vor dem Ein-

setzen

setzen hübsch nach zusehen, wie der Schnitt beschaffen ist, und kan nicht schaden, wann nach
dem Beschneiden alle Bücher links und rechts
schreg eingedrucket werden, um darburch zu er-
forschen, ob kein verlegener Haft oder Sand
sich zeigen, und erst im Abschaben, ja gar nach
dem Auftragen im Glätten zum Vorschein kommen möge, welches auch nur gefärbten oder ge-
sprengten Büchern, wann sie geglättet werden
sollen, ebener massen schadet, und die glatten
Zähne ruiniret.

Noch etwas muß ich offeriren, daß gefehlet
werden kan, obgleich alles angezeigter massen
observiret worden: Wann nemlich die Goldschlager das Gold durch neue Formen schlagen,
so überreiben sie solche mit etwas Weises, welches sie, wo mich nicht irre, braun nennen;
dieses bleibt nun am Form hangen, und wird
mit dem Gold geschlagen, welches unmöglich
halten kan, es mag das Eyerweiß seyn, so gut
es wolle, und ist hiebey das verdrüßlichste, daß
man es mit dem schärfsten Auge nicht sehen und
observiren kan, mithin, wann man nicht mit einem guten Goldschlager versehen ist, man übel
angehen kan; ein Exempel davon, was mir passiret, will erzehlen:

Als Anno 1722. um Mitfasten bey Hrn. Hof-
Buchbinder Dreiser in Würzburg, einem Aus-
bund eines guten Buchbinders, in Condition
gestanden, welchem auch Zeit Lebens, vor die
mir gegebene gute Lehre, und genaue Anwei-

E 5 sung

fung in der Buchbinder-Profeßion, Urſach zu
danken habe, derſelbe aber bey Hof zu thun hatte,
und wußte, daß er ſich in alle wege auf mich ver-
laſſen können, indeme ſchon 3 Viertel Jahr ſeiner Werkſtatt kundig war, ſo gab er mir 18.
Octav, um ſolche zu beſchneiden und zu vergulden, worunter 8. Theile von Brevieren, die
übrigen aber Baumgarten, und Himmels-
Schlüſſel waren, indeme die Frau Dreiſerin einen Laden, auf der ſogenannten Krette, hatte,
mithin auch Kram-Bücher benöthiget war: Ich
truge nun die Preſſen nach der Ordnung auf,
und wie ich die erſte abglättete, gienge das
Gold völlig weg, ich probirte die 2te 3te und ſofort biß zur lezten 9ten Preſſe, und hielte davon
keine: Ich meynte nun, ich müßte vor Kummer
vergehen, 1) wegen meines Herrn beſorgten Un-
willens, 2) der ſo übel zugebrachten Zeit halben, und 3) wegen des verdorbenen Goldes,
glaubte alſo, es mögte etwas Fettes in das
Eyerweiß gekommen ſeyn, reinigte dahero Ge-
ſchirr und Schwammen, Auftrager, und all übri-
ges, machte friſch Eyerweiß, ſchabte die Bücher
wieder ab, und riebe ſolche, wie ein altes Buch
mit Zwiebel ab, glaubend, wann etwann einiges
Fett auf denen Büchern verblieben, ſolches zu ver-
weiſen, und nachdem anderes Gold aus meinem
Beutel hohlen laſſen, weil glaubte, es ſeye der
Schaden aus meinem Verſehen cauſiret worden, truge ich meine Bücher, wie es ſich gebühret, wieder auf, und fienge an zu glätten, aber
wie

wie erstaunte ich nicht, als das Gold wieder
weggienge, und obwohlen sonsten eben so aber-
glaubig nicht war, sondern alle Zauber-Händel
in dergleichen Sachen, wie billig, vor Fabel-
werk hielte, so kame doch auf die falsche Gedanken, ob lege der Teuffel selbsten mit im
Spiel, mit einem Wort, ich war voll Furcht und
Entsezen, und wußte mir weder zu rathen noch
mehr zu helfen. Indessen war es Mittag, und
mein Herr kam nach Hauß, ich erzehlte ihme
dahero mit größter Consternation die mir zuge-
stoßene Fatalität, worauf besagter Hr. Dreiser,
als ein vernünftiger Mann, sogleich eine noch
unabgeglättete Presse nahm und solche probirte,
auch sogleich sagte, das Gold seye durch neue
Formen geschlagen worden, und ich hätte hieran
keine Schuld, gienge hierauf zu dem Goldschlager; wie sie miteinander zurecht kommen, ist mir
nicht bekannt; genug ich kriegte mein ausgeleg-
tes Geld wieder, nnd vor meinen ausgestande-
nen Schrecken und Furcht anderes Gold, und
verguldete die Bücher nach Wunsch.

Auf der Decke thut es nichts, wann es
gleich durch neue Formen geschlagen worden.
Die einige Prob solchen üblen Golds ist, wann
es im Zusammenhängen nicht beyeinander bleiben
will, sondern sich an das Messer henkt, folglich
übel aufzutragen ist.

Nachdeme der erste vordere Schnitt vergul-
bet worden, so müssen in Leder-Büchern oder
solchen, die auf Schnüre oder Kordeln geheftet
seyn,

ſeyn, die Bünde zuvor aufgeſchaben, das Aufgeſchabene fein zugebuzt, damit es nicht zu lang
oder dickwolligt bleibet, darnach ganz gemach
umgeklopft, die Preß-Bretter hübſch gleich in
die Fälſe geſezet, und ganz gelind abgepreſſet
werden.

Ehe völlig zugepreſſet wird, muß man wohl
zuſehen, ob auch der Rucken, dann der ober
und untere Schnitt recht gleich iſt; dann wann
es ſich ſcheb weiſet, ſo muß es gleich gemachet,
und etwas, doch nicht ſo hart, wie bey unverguldeten Büchern, zugepreſſet werden, damit
der Schnitt nicht verpreſſet wird; Ich preſſe
ein verguldetes Buch gemeiniglich hinten etwas
mehrers dann vornen.

Wann es nun etwa eine Minuten lang geſtanden, wird es heraus-und zum oben-und unten Vergulden nachſtehender maſſen eingeſezet: Bey einem
Buch, das eingeſezt, wird hint. und vornen ein
Octav-oder Quart-Brett, nach der Gröſſe des
Buchs im Fals vor-und eines nach der Länge
darauf geleat, doch ſo, daß das Brett, welches
nach der Länge liegt, dem Schnitt gleich kommt,
und ia der Schnitt nicht über das Brett heraus
ſiehet, läſſet es ſich aber ſogleich nicht thun, ſo
iſt es beſſer, daß das Brett über den Schnitt
heraus ſiehet; alsdann wird das Buch in die
Preß gethan, daß es einen Meſſerrucken breit
heraus ſtehet: Das Brett in der Länge aber
muß einen halben Meſſerrucken breit zuruck ſtehen, und zwar darum, damit im Anfeuchten
nicht

nicht viel vom Eyerweiß darauf kommet, sintemaln es sehr viel Eyerweiß schlinget, und langsam trocknen wird; und habe ich selbst erfahren,
daß wann den Schnitt habe abglätten wollen,
und der Gewohnheit nach mit dem Arm überdrucket, die Feuchtigkeit oder vielmehr Nässe
sich an den Arm, und von dar wieder auf den
Schnitt gehänget, mithin der Schnitt unsau-
ber worden.

Man muß auch wohl acht geben, daß der
Rucken in gebührender Gleiche bleibet, und darbey der Schnitt nicht scheb zu stehen kommt: sodann wird wohl- doch nicht so hart zugepresset,
daß der vordere Schnitt nicht verpresset werden
möge, sonach wieder, wie oben gesaget worden,
überraspelt und abgeschabet; dabey muß man
wohl observiren, daß 1) die Ecken oder der
Schnitt gegen dir schauet, und 2) sowohl der
Schnitt als die Ecke nicht von der Schab-Klin-
gen lädiret werden; dann wann mit der Raspel
zu weit an sich gezogen wird, so hat sich schon
oft zugetragen, daß solche am vordern Schnitt
angestossen, ja gar abgeglitschet, mithin der völlige Schnitt ruiniret worden, welches gar nicht
mehr zu remediren, sondern das Buch gemeiniglich wieder frisch verguldet werden muß.

Ist aber der Stoß oder Riß nur in der Mitten, so kan, wie oben gemeldt, mit dem Pen-
selein und Auftragen des Goldes der Schaden
in etwas ausgebessert werden: Seitenwärts,
nemlich vornen und hinten, hilft das Flicken nicht
viel,

viel, indeme durch den Rucken die vordere Blätter über die Mitten heraus stehen, mithin nicht
vest mehr eingepresset werden können, folglich
auch nicht wohl mit Force zu glätten ist.

In der übrigen Zurichtung des Schnitts,
als Anfeuchtung, Abglätten, und Auftragen des
Golds, der obern und untern Schnitte, wird
eben so verfahren, wie bey dem ersten oder vordern Schnitt, nur daß man sowohl bey dem Anfeuchten und Auftragen, daß das Wasser oder
Eyerweiß nicht auf dem verguldeten Schnitt
vornen ablauft, und solchen zu schanden machet,
als auch bey dem Abglätten, daß der Zahn nicht
abglitschet, und dardurch der vordere Schnitt
geschändet und verdorben wird, sich etwas mehrers in obacht nehmen muß : Werden aber 2.
3. oder mehr Bücher auf einmal in einer Preß
verguldet, so wird vornen ein Spalt darzwischen
gemacht, und bey denen obern und untern
Schnitten, Bretter in der Quere darzwischen
gesetzt, doch muß da auch die Gleichheit wohl
in acht genommen werden.

Einige schneiden die zum obern und untern
Schnitt gehörige Verguldbretter solchergestalt
dreyeckigt, daß hinten am Fals die breite Seiten zu stehen kommet, gegen den Schnitt aber
sich ganz schmal endet, und dieses geschiehet darum, damit sich der vordere Schnitt nicht ver-
pressen möge, welches auch in der That bey einzeln Büchern gute Dienste thut, allein wann es
in der Quantität gehet, müssen im Pressen die
Schnit-

Schnitte geschonet werden, dann wann er auch verpreßt, so kan solcher nach dem Vergulden wieder aufgeglättet werden.

Noch eines habe hiebey zu erinnern, nemlich es gibt viele Buchbinder, welche, wann sie viele Pressen haben, einige zumahlen in der Zeit, da die Stuben geheitzet werden, in die Kammern oder Tennen thun, damit sie nicht allzu trocken werden sollen: Es ist aber dieses durchaus nichts nutz, indeme der Schnitt, wann er aus der Kälte in eine warme Stuben kommt, überläuft, mithin im Abglätten üble Risse causiret werden. Den aufgetragenen Schnitt zum Ofen in groser Hitze zu setzen, ist auch nicht dienlich, massen er zu spröd wird, jedoch ist es noch besser gethan, als in der Kühle. So viel habe von fein Gold-Vergulden avisiren wollen.

Nun folgt auch von Metall, indeme Zwisch-Gold und Silber eben auf die Art, wie das feine Gold tractiret, ausser daß nur das Eyerweiß ein wenig stärker genommen wird.

Vom Vergulden mit Metall.

Wann du aber Bücher mit Metall vergulden mußt, so verfahre damit folgender massen: Setze den Schnitt ein, wie

oben

oben gezeiget, schabe solchen ab, und an statt
daß du ihn mit Wasser machest, überfahre
ihn ganz gelind mit Stärk-Kleister, oder dünn
mit Leim-Trank, worzu kein Alaun gekommen,
und wird der Leim-Trank ganz kalt, und gesülzt
genommen, und aufgestrichen, sonach laß es trocken werden, darauf nimm das Wasser, so auf
dem Ochsen-Blut sich befindet, kleppere es, wie
das Eyerweiß, wohl ab, und nehme durchaus
kein Salz darzu, dann Alaun und Salz ziehen
die Feuchtigkeit an sich, und verursachen, daß
der Schnitt gar bald anlaufe: Wann es sich
gesezt, so überfahre mit erstgemeldtem Blut damit den Schnitt, und sobald das Blut etwas
trocken, so wird es wieder überfahren und aufgetragen.

Es hat aber dieses Gold den Fehler an sich,
daß es sich nicht zusammen hängen lässet, dahero es Blattweiß aufgetragen werden muß; im
Auftragen aber ist sich wohl zu prächaviren, daß
es nicht sehr runzelicht wird, massen die Runzeln
gerne abspringen, und mit dem Flicken nicht viel
auszurichten ist; auch muß im Auftragen wohl
in obacht genommen werden, daß mit dem Auftrager nicht allzuhart auf dem angefeuchteten
Schnitt aufgedrückt wird, ausonsten es das
Blut wegwischt, und das Metall auf solchen
Orten nicht hält. Im Abglätten und all übrigen wird verfahren, wie bey dem feinen Gold,
ausser daß man es nicht so hart glättet, indeme
das Metall gar bald blank wird.

Wann

Wann du keine Notiz haſt, wie das Blut tractiret werden muß: So wiſſe, daß man dem Metzger muß ſagen laſſen, er mögte, wann er einen Ochſen ſchlachtet, einen Topf oder Hafen mit Blut aufheben, aber ſolches nicht umrühren. Wann nun das Blut erkaltet und geſtocket iſt, ſo nehme das darauf ſich befindende helle Waſſer, und vergulde damit. Weilen aber öfters bey eines Ochſen Blut gar kein- oder doch ſehr wenig Waſſer ſich findet, ſo muß von etlichen dergleichen geſammlet werden, bis man ein taugliches findet.

Nach dem Glätten werden an vielen Orten Spiegel und dergleichen auf die Schnitte, wie dann auch vor Alters Blumen darauf geſchlagen, welche ausgeſchabt- und mit guten Farben ausgemahlet worden. Alldieweilen aber dieſe Arbeit völlig abgekommen, ſo halte nicht nöthig, wie ſolche gemachet wird, hier anzuführen.

Von marmorirten Schnitten mit Spiegel verguldt.

Die mit Spiegel verguldt- und marmorirte Schnitte aber, werden alſo gemacht: Es wird das Buch eingeſezt und abgeſchaſchaben, wie bey dem Vergulden oben gewieſen; ſodann oben und unten mit Gold aufgetra-

getragen, und zwar nach der Gröſſe des Buchs:
Iſt es nun trocken, ſo ſchlage einen Spiegel
nach Art der Tab. II. Fig. 2. oder Fig. 3.
Willt du, ſo kannſt du auch in der Mitte den
Namen Jehova oder JEſus, oder nur eine
Sonne, wie Fig. 4. zeiget, hinein machen ; das
übrige Gold, das weg ſoll, überſtreiche mit ein-
in friſch Waſſer getunktes Haar-Benzelein,
und wiſche es fleißig weg; was nicht weichen
will, wird mit einem Meſſer gar weggeſchabt,
dann trocknen laſſen, und ſchon gedachter maſſen, wie dir beliebet, mit einer Farb marmori-
ret, oben aber wird nach Tab. 3. hinten eine
Muſchel- und der Spiegel darunter geſchlagen,
wie Fig. 5. zeiget; wo es aber nach Fig. 6. gemachet werden ſollt, bleibt die Muſchel blos.

Andere Art der Schnitte.

Noch andere Schnitte werden von allerhand Farben gedupft gemachet, wobey die hellen Farben jederzeit die erſtern
ſeyn müſſen: Par exemple, man bekommt ein
Buch; welches gelb, roth, grün und blau ge-
dupfet iſt, da gilt es nun nicht gleich, welche
Farb man am erſten ergreiffen wolle, ſondern

es wird zuerst gelb, hernach roth, auf diese grün
und sonach blau, und zwar deswegen genommen, weilen eine helle Farb sich leichtlich decken
lässet, aber der Intig und das Grüne ist nimmermehr zuzudecken.

Ferner giebt es Schnitt zu machen, welche
ganz gefärbt, entweder blau oder roth, haben
aber weise Düpfelein wie gesprengt, solche werden also gemacht; Seze den Schnitt in die
Presse, als wann er verguldet werden sollte,
schabe ihn ab, überfahre solche mit Wasser, und
ehe er ganz trocken, sprenge grobe Tropfen Wax
auf den Schnitt, und laß es trocken werden;
alsdann nimm eine dicke blaue Eßig-Farb, Pra-
sill oder Virla-Bocks-Farb, überfahre den
Schnitt damit, und wann er trocken ist, thue
ihn aus der Preß heraus, so wird durch das Aufblättern das Wax heraus gehen, und sonach
glätte den Schnitt. Du wirst dir aber anjezo
die Gedanken machen, wie die Farb angemacht
wird; massen man auch Bücher siehet, welche
verguldet, und doch unter dem Gold gefärbet
sind, wie Türkisch-Pappier: Hierauf dienet
zur Nachricht, baß von denen Farben, auch
wie die Flecken, und das Türkische Pappier zu
machen, infra Lehr genug geben will.

Von

❦❦❦❦❦❦❦❦ ❧ ❦❦❦❦❦❦❦

Von Farben die unter dem verguld-
ten Schnitt hervor scheinen.

Was unter dem Gold hervor scheinen solle,
müssen pur Saft- oder Peiz-Farben
seyn, nemlich Saft-Grün, Safran, dicke
Virla-Vocks- oder nur Brasillen Späne,
blau Prasillien und dergleichen ꝛc. Jntig,
Zinober und Kugellack ꝛc. sind Sand-Far-
ben und können nicht gut thun, indeme sie
sich bey dem Ueberfahren ziehen, und das Gold
nicht darauf halten kan. Jngleichen Gummi-Far-
ben, als Gummigut ꝛc. und dergleichen sind
zu dieser Arbeit noch weniger dienlich, weilen sie
das Gold nicht annehmen, noch darauf sich glätten lassen. Verfahre also mit dem Schnitt,
schabe ihn wohl ab, und presse die Preß ein wenig auf, damit die Farben etwas hinein schliefen
können, und mache Flecken nach Belieben, doch
die hellen Farben, als Safran und roth zuerst,
sodann die übrigen darauf, wie erst vor gesagt;
wann es aber wie Türkisches Pappier kommen
solle, muß man eine kleine Uebung vom Zeichnen
haben. Bist du aber dessen nicht kundig, so
über-

überstreiche es mit einem guten Bleyweiß, und verfahre also: Nimm ein sauber Stücklein Türkisches Pappier, lege es in der Grösse, wie der Schnitt ist, darauf, fahre mit einer Nadel, welche nicht gar zu scharf ist, denen Zügen vom Türkischen Pappier, nach, und wo sich die Farben separiren, thue das Türkische Pappier weg, und bringe die Farb hin, wie solche auf dem Türkischen Pappier stehet, und wann es trocken, überfahre es ganz gelind mit Wasser, zuvor aber muß die Presse wohl zugepresset seyn, und sobald das Wasser ebener massen trocken, so trage das Gold auf, und glätte, wie vorhero bey dem Schnittvergulden gesaget worden ist.

Schnitt wie Türkisch Pappier zu machen.

Den Schnitt, wie Türkisch Pappier zu machen, wird also verfahren: Lasse dir vom Töpfer verschiedene Tröglein verfertigen, oder solche nur vom Schreiner, nach der Schnitt-Grösse machen, damit nicht allzuviel Tragant aufgehen möge, in der Höhe müssen sie anderthalb biß 2. Zoll haben: ferner versehe dich mit einem Kamm von meßingen Drath,

an

Vom Anſezen der Bücher mit Pappendeckel.

Wann nun dein Buch zum Anſezen fertig, ſo obſervire die Höhe des Falſes, und richte, wann es in Pappendeckel kommt, ſolchen darnach ein: In ſoferne aber der Fals zu hoch kommt, daß nach Proportion des Buchs du keinen ſo dünnen Pappendeckel nehmen darfſt, iſt es freylich nicht zum beſten; doch muſt du den Pappendeckel ein klein wenig höher oder dicker nehmen, als du ſonſten gewohnt biſt, oder erfordert wird. Hingegen muß nach dem Anſezen, wann das Buch trocken iſt, und aus der Preß kommt, der über den Pappendeckel heraus ſtehende Fals mit einem Hammer niedergerieben werden; Iſt aber der Fals zu klein, ſo wird hinten am Pappendeckel ein wenig ausgeſcherft, und der Pappendeckel etwas geſchlagen, daß er doch ſeine Schwere behält; und iſt das Schlagen bey allen Pappendeckeln eine herrliche Sache, doch muß man wiſſen ob die Arbeit bezahlt wird, und lehret ohnehin die Vernunft, daß ein Deckel um ein merkliches dicker genommen werden muß als ſonſten,

F 5　　　　　　wann

wann er geſchlagen werden ſolle, indeme derſelbe durch das Schlagen dünner wird. In- und
bey dem Schlagen iſt wohl Acht zu geben, daß
der Pappendeckel hübſch gleich ausfället: ich
meyne daß er an keinem Ort dicker als an dem
andern wird: Hernach wird das Buch capitalt; ich rede aber hier von Pergament-Büchern und kleinen Leder-Bänden, auch ſolchen
die nicht Franzöſiſch beſtochen werden. Bey
allen Franzbänden richte dein Capital-Pergament alſo ein: Zu einem groſen Buch nimm
etwas ſtärkeres Pergament als zu einem kleinen, und mache den Leim wohl warm, aber etwas dicker als bey dem Anſezen, welches ſich
darum gar wohl ſchicket, weilen nach dem Capi-
taln erſt angeſezet wird, und alſo Waſſer nach-
geſchüttet werden kan.

Das Pergament ſoll wohl geſchlacht ſeyn,
doch wo es nicht zu haben, muß man aus der
Noth eine Tugend machen. Wann nun alles
bereit, ſo überſtreiche das Buch oben und unten
hurtig, auf daß der Leim nicht kalt wird, ſonach
lege das Streiflein Pergament über, daß es
oben einen Meſſerrucken weit vorgehet, und
ziehe es an beyden Seiten wohl an. Steheſt
du aber in Sorgen, es mögte nicht halten, ſo
nimm ein ſpiziges Meſſer oder Ahlen, und zer-
ſtich das Capital-Pergament dicht, damit der
Leim ſich durchziehet, und mithin halten muß.

Ange-

Angesezt wird das Buch folgender massen:
Die Bünde werden observiret, ob sie nicht zu
dick; hat man nun die Meynung, daß sie zu
dick sind, so wird aufgebrehet, und einer, oder
nachdeme sie in vielen Schäften bestehen, auch
2. ausgeschnitten, nach der Hand mit einem
Messer oder Brettlein, welches eine Kerbe hat,
wohl aufgetriffelt, damit der Band ein wenig
hoch stehet, und überdiß das Vorsez-Pappier
nicht verdorben, und der Zwirn von denen
Bünden entzwey gesiedelt wird; Findest du,
daß der Bund noch zu stark ist, so schabe oder
schneide mit einem scharfen Messer noch mehrers weg, sodann seze, und zwar ein gutes
Buch folgender massen an: Mache den Leim
nach mittler Art nicht zu dünn noch zu dick,
doch ehender etwas dick als dünn, gestalten der
dünne Leim gerne durchschläget, und das Vorsez-Pappier verderbet, ja gar, wann er allzu
fett aufgestrichen wird, und erwehntes Vorsez-
Pappier nicht stark und genug geleimt ist, und
scharf zu oder eingepreßt wird, es biß in das
Buch hinein schläget, daß solches nicht mehr zu
gebrauchen, noch deme viel zu helfen ist. Mit
warmen Waßer kan man endlich noch sein Heil
versuchen, jedoch wann das Buch nicht genug-
same Stärke von Blättern besizet, wird damit
auch wenig ausgerichtet; dahero seye vorsichtig
in aller deiner Arbeit.

Bey

Bey denen Pergament-Büchern schneide das allzucange von Riemen weg, das obere aber lasse ohne Zuspizen, und zwar darum zum Einziehen ganz, damit es sich nicht verriffeln oder von der Wärme des Leims ungestaltet werden möge.

Bey dem Ansezen hebe die Bünde auf, streiche ganz gelind bey dem Vorsez-Pappier, welches man auch Fals nennet, mit dem Bensel über die Bünde oder Riemen, und sonach überstreich es sowohl wieder mit Leim, als die Pappendeckel, welche leztere aber eines Fingers breit hint mit Leim angestrichen werden müssen: hernach seze den Pappendeckel ordeatlich in Fnls, und presse es zwischen 2. Quer-Bretter ein: Ist es aber mehr als ein Buch, so kan eine ganze Preß voll gesezet, und zwischen ein jedes Buch ein Brett geleget werden: am Capital gieb Acht, daß es nicht loß oder runzlicht ist: Wann etwas solches vermerket wird, so muß mit einem Messer neben den Pappendeckel angezogen, und mit einen Hämmerlein gelind angeklopft, sodann wiederum mit ein wenig Leim überstrichen, und hernach trocken werden lassen. Leder-Bände in Folio, oder Quart, auch nur in Octav oder Duodez ohne ausgeschlossen, mögen in Franzband oder nur in ander Leder kommen, können so angesezt werden, daß die Bünde des Aufgedriffelten, über dem Pappendeckel geleimt werden; das ist eine schlechte Sache, und dienet einen Buch ungemein, daß es gut zufället; Damit

mit du mich aber recht verstehest, wie erstgesagte
Bände sollen angesezt werden, so wisse, daß nur
die Fälslein des Capitals mit Leim bestrichen
werden, der Pappendeckel ebener massen ein
wenig, doch so, damit die Flügelein des Capitals nicht angeleint werden: dann seze das Buch
an, daß die aufgeschabene Schnur alle ausser
dem Buch und Pappendeckel zu stehen kommen.
solche leime auf die Decke auf, und lege ein
Stücklein Pappier statt eines Falses darauf
und presse es wohl ein, so ist es geschehen. Nach
dem Auspressen reiß das nicht anklebende Pappier weg.

Vom Ansezen der Bretter-Bücher.

Bey Bretter-Büchern ist das Brett Anfangs nach der Grösse, wie es an das
Buch kommen solle, abzureissen, und hernach
abzuschneiden; hauptsächlich siehe dich nach
dem Gewächs des Bretts um, daß dasjenige,
was mulderigt und hoch ist, gegen das Buch,
das hohle aber heraus kommt, und wann es
hinten am Fals angetrucket wird, vornen
vom Buch ab und in die Höhe stehet; das
Dünneste vom Brett wird hinten, und das Dicke vornen, und zwar darum genommen, weilen ein Clausuren-Buch jederzeit besser, wann es
vornen etwas dicker als hinten ist, welches auch
bey

bey dem Schlagen supra p. 18. erinnert, oder
vielmehr gewiesen worden.

Kleine Bücher werden auch wie ein Pap-
pendeckel-Band capitalt; grössere aber nur so
uncapitalt darum angesezt, weil solche über die
Bretter, bessern Hals wegen, mit Tuch, ja nur
zuweilen mit darzu gewürkt- oder von Frauens-
Personen eingenäheten Capital-Bändelein capitalt worden.

Vom Formiren und Abrichten der Bücher.

Wann das Buch nach dem Ansezen trocken, so wird es nach gebührender
Grösse des Formats abgerichtet, doch muß
das Buch jederzeit vornen um ein merkliches
höher formiret werden, als oben und unten,
ausgenommen Pergament-Bücher, welche
mit Ueberschlägen gemacht, werden kürzer als
oben und unten formiret, damit das Pergament besser an das Buch schliesset, hingegen
ist bey Lederbänden gar bald geschehen, daß
solche etwas zuruck lauffen, mithin stehet es
gar übel, wann die vordern Canten schmähler sind als unten und oben.

Ich

Ich habe mir zum Formiren absonderliche meßinge Linial machen lassen, wovon ich eines Fig. 7. aufgezeichnet, diese habe immer eines breiter als das andere, und thun ungemein gute Dienste; indeme man sie nur an Schnitt wohl anlegen darf, sonach daran formirt. Nach Proportion des Buches wird ein solches genommen, dessen Fälslein die Höhe hat, die die Canten bekommen sollen, vornen aber bleiben dieselbigen noch so hoch erstgesagter massen; sollte aber ja das Buch etwas weniges scheb beschnitten worden seyn, mithin im Formiren dasselbe ungleich fallen muß, so wird denen Canten hie und da noch nachgeholfen, biß es zur gehörigen Gleichheit kommt.

Bey einem Bretter-Folio oder Quart muß wohl acht gegeben werden, daß im Abrichten das Vorsez-Pappier nicht verdorben, oder hinten aufgerissen werden möge, dann es sehr übel stehet; Hauptsächlich aber muß man sich hüten, daß nicht weiter mit dem Ausstoß-Hobel weggestossen werde, als das Pappier anfänget, sintemaln der Schnitt sonst klaft.

Ich lasse bey einem Folio einen Messerrucken weit Holz über den Schnitt stehen, und bey einem Quart halb so viel: sehe aber wohl zu, daß die Canten nicht allzu scharf werden, sonsten es dem Leder in Zeiten Schaden bringt, stehet auch nicht so gut, als wann die Bretter etwas vollkommener bleiben.

Nach-

Nachdeme nun das Buch abgericht, wird ein Stücklein Leinwand genommen, und in solches eine Cordel oder Schnur mit Kleister, aber durchaus nicht mit Leim, angepappet, indeme solcher im Aufmachen den Leinwand zerreißt: die Schnur muß von einem Ende oder Fals des Buchs biß zum andern über den Rucken die accurate Länge haben, und werden die hintern Ecken vom Brett, bey einem Quart dem Schnitt gleich ein paar Messerrucken, und bey einem Folio 3. Quer-Messerrucken breit weggeschnitten, und sonach mit Leim capitalt, und muß die eingelegte Schnur accurat auf dem Schnitt am Capital, keineswegs aber hinten zuruck, oder gar über den Schnitt hinein stehen; ist es gemacht, so klopfe es subtil mit einem Hämmerlein an, und lasse es trocknen: Wann nun keine Feuchtigkeit mehr daran zu spühren ist, wird das Buch ausgenommen, und zu Clausuren eingeschnitten. Des Buches Länge wird bey einem grossen, wie bey einem kleinen Buch in 4. Theile eingetheilet, vornen so breit eingeschnitten, als das Mütterlein der Clausuren ist, hinten aber ein ordentliches Kästlein, in der Breite, wie der Clausur-Riemen werden solle, in das Brett eingeschnitten.

Damit du mich aber recht verstehen mögest, so ist dieses meine Meynung: Wann das Buch mit Hacken soll angeschlagen werden, wird es so breit das Mütterlein ist, worein sich der Hacken

cken schlieſſet, eingeſchnitten, das Leder aber,
wormit das Buch überzogen werden ſolle, macht
gleich ſo viel aus, daß das Mütterlein an ſolches anſtehet, und unten ſo viel Plaz bleibet,
daß das Häcklein vom Geſperr oder der Hacken
nicht zuruck gehalten wird, mithin ſich wohl
ſchlieſſet; aber bey Franzöſiſchen Clauſuren wird
vornen etwas breiter eingeſchnitten, als der Kopf
der Clauſuren iſt, weilen das Leder auch etwas
ausmacht. Ein guter Buchbinder überlegt gleich,
wie weit er ausſchneiden muß, und was das Leder auswirft; hinten iſt zwiſchen einem Hacken-
und Franzöſiſchen Clauſuren-Buch kein Un-
terſchied.

***

Von eingepflöckten Decken.

Noch eines fället mir ein: groſſe Bücher,
zumahlen Meiſterſtücke, werden nicht
angeſezt, ſondern angepflöckt, und dabey wird
nachſtehender maſſen verfahren: Es werden
die Bretter, wie bey andern Foliis oder
Quarten, auch hinten ausgeſtoſſen, aber die
Bünde, wo ſie ſtehen, abgeriſſen, und ſo dick
Löcher gebohret, als die Schnüre ſind, und zwar
das erſtere ganz hinaus, daß nur 2. Meſſerru-

Buchb. I. Theil.   G   cken

cken weit Spatium bleibet, die andern aber einen Daumen breit darvor, daß allezeit das
obere, und untere Loch schreg gegen dem Capital
gehet, und sobalden die Löcher gebohret, wird
das Brett umgekehret, und allezeit beyde Löcher,
so dick die Schnüre sind, ausgemeißelt; sodann
die Schnüre oder Cordeln oben- und unten her-
aus- dann wieder oben heraus gezogen, aufdaß
die Schnüre hübsch gleich in dem eingeschnitte-
nen Kästlein liegen.

Damit man aber die Schnüre nicht allzu
hart anziehet, wird unten und oben ein Octav-
Brett zwischen das Brett und Buch gelegt, sodann mit der Zangen wohl angezogen, und von
innen ein in Leim getunkter Zweck heraus geschlagen, doch muß allezeit jemand mit einem
Hammer vorhalten, damit das Brett nicht zerspringt: hernach schneide Schnür und Zweck eben
und gleich weg. Einige bohren zwar ihre grose
Bücher, wie oben gemeldet an, unterlassen aber
das Einzwecken, und ziehen nur die Schnüre
wohl an, geben ihnen Leim, und schneiden oben
die Schnüre weg, wie bey denen Eingepflöckten,
welche Art zwar wohl angehet, doch aber nicht
die Haltung haben kan, wie eingepflöckte Bücher. Wieder andere sezen die Helfte der
Schnüre hinein, und die Helfte heraus, welches
auch ziemlich hält. Noch andere sezen den blosen Pappendeckel an, und leimen oben die
Schnü-

Schnüre darauf; dieſe haben den Vortheil vor
allen, indeme ſie gerne zufallen.

Vom Beſtechen.

Wann nun das Buch capitalt und formiret, oder ein groß Buch in Brettern
formirt und capitalt iſt, ſo wird es beſtochen,
zuvor aber bey kleiner Sorte das Capital-
Pergament wohl abgeſchnitten. Hier muß
eine Proportion im Zwirn oder Seiden, mit
was nemlich das Buch zu beſtechen, gehalten
werden, maſſen zu einem groſen Buch recht grobe Seiden oder Zwirn genommen, in deſſen Ermanglung aber zweyfach durch die Nadel gezogen, bey kleinern aber mit klarem Zwirn oder
Seiden beſtochen wird, und muß man, ſo viel
möglich, dahin trachten, daß in beeden Nadeln
die Fäden an der Dicke einander gleich ſind, an
denen Bänden aber wird nachſtehender Unter-
ſcheid gemachet: Ein Folium oder Quart mit
Clauſuren wird über den Fals, ſo weit man
kan, hinüber beſtochen, damit das Leder bey
dem Ueberziehen das Beſtochene überdecket, und
man nichts vom Holz ſehen kan.

Franzöſiſche- und Cortuan Folia und Quart
werden nur biß an die Kante beſtochen, damit das

Leder oder Cortuan sich füglich anschliesset, oben
und unten aber nach Proportion Schnür oder
Cordeln mit eingestochen, damit das Capital
völliger zum Vorschein kommet. Mit Octav
und Duodez hat es eben diese Bewandniß, und
lehret die Vernunft von selbsten, daß das Capital bey kleinen Büchern nicht so groß, als wie
bey grossen gemacht werden dörffe. Pergament-Bücher werden mit Riemen bestochen,
welche um bessern Haltens willen, aus der Länge
der Haut zu schneiden, und hinten angeleget
werden müssen, ja wann man noch ein dünnes
Pappendeckelein auf das Pergament-Riemlein
leget, wird sich 1) das Pergament besser schlief-
sen, und 2) das Capital weit feiner und vollkommener stehen, doch darf das Bestechen auch
nicht weiter als biß an die Fälse gehen.

Vom Französischen Bestechen und
völliger Demonstration, wie ein Buch
nach Art der Franzosen zu verfertigen.

Noch ein Bestechen ist heut zu Tage an
vielen Orten üblich, nemlich das Französische, wovon ich den ganzen Verlauf, wie
ein

ein Buch nach Französischer Manier zu verfertigen, demonstriren will: Es wird nemlich
etwas weicher als sonst ein Buch geheftet,
und sobald dieses geschehen, mit Pappendeckeln
nach der Tab. 4. Fig. 8. angesezt. Nachdeme
nun die Schnüre, welche ein wenig länger als
sonsten seyn müssen, wohl aufgeschaben, und etwas zugeschnitten, damit sie nicht allzu dick sind:
so werden solche mit ein wenig Kleister überstrichen und gewürkelt, daß die Bünde wieder
rund werden, doch so, daß sie vornen spiziger
als hinten zum Vorschein kommen: hernach
stich mit einer Aalen bey einem jeden Bund 3.
Löcher in den Pappendeckel, nemlich bey einem
Folio 4. Messerrucken weit hinein, bey einem
Quart 3., und sofort nach Proportion, damit
der Pappendeckel sich füglich schieben lassen kan,
sodann fahre mit dem Bund in Fig. 9. oben hinein, und Fig. 10. wieder heraus, sonach wieder
oben hinein, und schlage unten Fig. 11. es
durch.

Nachdemel es völlig eingezogen, wird die
Decke blos auf den Tisch gelegt, und was vom
Einstechen oder Schnüren in die Höhe stehet,
mit einem Hammer nieder- und hernach das Buch
umgeklopft Fig. 12., und zwischen 2. Bretter geruckt, jedoch hat es nichts zu bedeuten, wann gleich
ein dickes- neben ein dünnes Folium, oder ein
dünnes Quart an der Seite eines dicken rc. in
einer Presse gerucket wird, man darf es nur
ein wenig zupressen, damit es sich regieren läs-

G 3   set,

set, und wo es im Rucken ungleich, wird es
mit einer Aalen in die Höhe gezogen, das Hohe
aber mit einem Hämmerlein niedergeklopft, auch
oben am Schnitt wohl Acht gegeben, daß es
gleich wird, darauf presset man wohl zu, und be-
streichet es über und über dick mit Kleister, sofort lässet man es eine Weile stehen, damit der
Kleister hinein dringet, und den Rucken erweichet, und wird sodann mit einem Circul oder einer stumpfen Gabel auf dem Rucken auf- und
nieder gefahren, auf das der Kleister wohl hinein kommt, darauf mit einem Hammer, wie bey
dem ordinairen Leimen ein- und der Papp mit
einer Handvoll Pappier-Spänen wohl abgerieben, und die Bünde gleich gemacht, sonach mit
dünnen Leim überstossen, und sodann Goldbüchleins-Pappier, und am Capital unten und oben
Leinwand oder Pergament übergeleimt, daß es
im Bestechen Stich halten kan.

Wann es trocken, wird das Buch aus der
Presse genommen, und vom Brett, wo das
Goldbüchleins-Pappier anklebet, loß- und weg-
gerissen, oben und unten aber die Leinwand wieder abgelöset, und zwischen dem Buch und Pappendeckel hinein zum Vorsez-Pappier gestrichen:
So nun der Pappendeckel wieder loßgerissen,
daß er sich auf- und nieder schieben lässet, so
wird er vorn und hinten, so weit er gehet, herunter gezogen, und oben beschnitten: Nach
dem Beschneiden wird das Buch, wie bey andern

dern Beschneiden punctiret, jedoch mit diesem
Unterschied, daß die Punctur so viel länger werden muß, als beyde Canten auswerfen, sodann
werden die Pappendeckel hinauf geschoben, daß
sie über den Schnitt zweyer Canten-Höhe hinaus stehen, und unten beschnitten, darauf aufgesteckt, vornen und hinten, wie ein Folium oder
Quart bey andern Büchern auch unten und oben
punctirt, abgezeichnet, und beschnitten: vornen
können die Pappendeckel nicht mit beschnitten
werden, sondern auf- und zuruck gethan, nemlich sie bleiben am Buch wo sie angemacht, kommen aber nicht mit in die Presse.

Ist das Buch vornen beschnitten, so wird
es mit einem scharfen Messer abgeputzt, und
nach Proportion vornen formiret, alsdann nach
Verlangen entweder gefärbet oder gesprenget.
Was aber das Bestechen selbst anbelanget, kommt
es freylich demjenigen, so dergleichen Arbeit noch
nie gesehen, absurd vor, ja er glaubt, es sey
nicht möglich, du kanst aber die Beschaffenheit
gleich ersehen: Man nimmt Gold-Büchleins-
oder nur ein anders fein- und zartes Pappier
und wickelt es übereinander, überstreichet das
äusserste Theil mit ein wenig Kleister, und leget
es auf ein gleiches Brett, sodann wirkelt man
es miteinander so lang, biß es zu einer rechten
vesten Wirkel in Forma einer Schnur wird,
hernach presset man das Buch, welches bestochen werden solle, dergestalt ein, daß der Schnitt

G 4   gegen

gegen dir siehet, Tab. 3. Fig. 13. und das Capital höher als der Schnitt stehet, darnach wird 1. oder 2. färbige Seiden oder Zwirn in duplo genommen, in eine aber nur die Nadel gethan, und die beyden Ende zusammen geknüpfet, und mit der Nadel oben zwischen dem Vorsez-Pappier hinein gestochen, daß die Nadel oben am Rucken wieder heraus gehet, darauf dieser Stich repetirt, daß die Wirkel einen Halt bekommt, und endlich das eine Trumm unten durch und oben wieder herüber geschlungen, mithin wie ordinaire bestochen: Wann nun etwa Fingers breit also verfahren, muß es so tractirt werden, daß dasjenige Trumm, welches die Nadel hat, uuten durch ist, hernach wird es hinten oben ein und am Rucken wieder heraus gestochen, und vest gemachet; am Ende aber wird die Nadel 2. mal, wie bey dem Anfang durchgestochen, und das andere Trumm daran gemacht oder vest geknüpfet; in so weit die Wirkel über das Bestechen heraus siehet, wird sie mit einem scharfen Messer abgeschnitten, zuvor aber mit ein wenig Kleister der Zwirn hinten bestrichen, damit die Knöpfe nicht aufgehen, noch sich das Bestechen verschiebet.

Noch ein nemlich das doppelte Bestechen ist zuweilen sowohlen bey ordinair, als denen die nach Französischer Art ausgearbeitet werden, üblich, damit wird also verfahren: Ueber die gewöhnliche Capitals-Höhe, wird noch eine ganz
kleine

kleine Schnur oder Wurkel oben übergelegt,
sodann im Bestechen mit den Zwirn der hint
heraus gestochen oder gezogen, wird erstgesagte
Schnur umwickelt, und damit continuiret, biß
an das Ende, es wird auch zuweilen ein Gold-
oder Silber-Bledt, oder nur dergleichen Faden
zwischen jeden Stich eingelegt, daß man einmahl selbigen mit den Zwirn fasset, das ander
mahl aber ihn leer läst, dieses stehet auch sehr
gut; so viel vom Bestechen. Nun schreite wieder zu ordingiren Bånden.

Von Ruck- und Eck- auch Perga-
ment-Bånden.

Ein Ruck- und Eck-Band, sobald er nach
dem Ansezen trocken, wird wie ein Franzband formiret, nemlich ein Folium wird vornen fast 4. Messerrucken hoch gelassen, oben
und unten aber nur über 2., muß also vornen jedesmahl fast noch so hoch seyn, als oben
und unten. Bey Quart, Octav und Duodez
wird es nach Proportion geringer in der Höhe
formiret: Im Formiren selbst aber muß man
hübsch gleich mit dem Formir-Messer so formiren, daß es nicht krum gehet, mithin die Can-
deln nicht schreg stehen.

Im Bestechen lege eine Schnur hinten an, da=
mit das Capital etwas völliger wird, und der Ru=
cken sich besser daran schlieſſet, wie erst vor gemel=
det, dabey aber muß man acht geben, daß nur wie
bey einem Franzband von einem Fals biß zum an=
dern bestochen wird: Nach dem Bestechen pappe
die Fäden vom Zwirn wohl an, wo du das Beste=
chen angefangen u. geendet, oder frischen Zwirn
genommen haſt, dann da bleibt jedesmahls ein
Trümlein stehen, zu dem Ende, daß es sich bey dem
Gebrauch des Buchs nicht aufziehet: Wann es
ein wenig getrocknet, so nehme ein scharfes Meſ=
ſer, und schneide die auf beyden Seiten hervor
reichende Schnüre glatt weg, ja du muſt das
Capital auch biß an den Schnitt gleich mit
durchschneiden; sodann löse das Capital vom
Pappendeckel wohl ab, und schneide es schreg
weg, damit nichts davon, wann das Buch fer=
tig, zu sehen iſt. Was den Rucken anbelanget,
wird solcher zugeschnitten, daß bey einem Folio
das Pergament 3. Finger breit beyläufig in die
Decke hinein gehet, so aber bey einem Quart
nur zwey, bey einem Octav anderthalb und bey
einem Duodez nur ein guter Finger breit seyn
darf, oben und unten aber muß es auch so viel
Höhe haben, daß es sich nicht allein wohl ein=
schlagen läſſet, sondern auch den Pappendeckel
halten kan. Hernach wird das Pergament ge=
füttert, iſt es nur schäfenes Pergament, so füt=
tere es mit Leim, kälbern aber, wann es nicht
gegründet iſt, muß mit Stärk=Papp gefüttert,

und

und dem gegründeten darf auch mit Leim, und zwar darum begegnet werden, weilen, wann man ein ungegründetes Pergament mit Leim füttert, solcher durchschläget, und einen üblen schwarzen Streif am andern causiret, welchem nicht mehr zu helfen ist, deswegen muß Kleister oder Papp genommen werden.

Bey einem schäfenen Pergament wird zu dem Ende Leim zum Füttern genommen, damit 1) sogleich das Buch nach dem Füttern im Rucken gebracht werden kan, und 2) das Pergament vom Leim stärker und steifer wird: Ist nun das Pergament gefüttert, so messe den Rucken und zwar folgender massen mit einem Circul ab: die eine Decke mit etwas vom Buch lege auf einen reinen Tisch, und die andere Decke mache auf, daß der Rucken gleich zu liegen kommt, alsdann messe von einem Ort, ich meyne von einem Pappendeckel über den Rucken zum andern, wie weit der Rucken ist. Findest du aber, daß an einem Ort, wie öfters geschiehet, im Schlagen, Heften oder Rucken übersehen worden, daß auf einer Seiten der Rucken ein wenig weiter als auf der andern ist, so stich ganz neben einen Messerrucken enger auf das Pergament, ich meyne du sollest merken, ob es unten wo es mehrentheils geschiehet, oder oben enger ist: wo du es nun findest, da mache nach Proportion auch den Rucken enger.

Das

Das Abzeichnen geschiehet auf diese Art:
Es wird das neben hervor ragende Pappier abgeschnitten, und mit dem Circul in der Abtheilung also verfahren, daß auf beyden Seiten
gleiche Breite auf die Decke kommt, sodann
brich den Rucken, und lege das Pergament auf
einen reinen Pappendeckel, baß das gefütterte
gegen dich siehet, das glatte Pergament aber
auf den Tisch zu liegen kommt, alsdann nimm
nur ein Linial, lege es von oben gegen unten,
nach denen gemachten Abzügen, und fahre mit
dem Falsbein etwas stark herunter, biege das
Pergament auf, und umschlage es, daß es einen
Fals gibt, und mit der andern Seite verfahre
auch also: Hernach lege das Pergament um,
daß die glatte Seite gegen dich siehet, mache
das Umgebogene wieder auf; an den Fals lege
dein Linial so breit vom Fals, als du dein Fälslein nach Proportion machen willt, und darf
bey dem grössesten Folio das Fälslein über einen
Messerrucken nicht seyn, sonach streiche mit dem
Falsbein das Pergament ein, und umschlage es.

Schäfen- und gegründet Pergament darf
nicht ganz übergebogen werden, weil der Grund-
gerne springet, sondern es wird nur ein wenig
aufgebogen, und beede Flügel angeschniert, und
gleich übergelegt, damit die Fälse am Capital
wohl anliegen, und der Rucken sich schliesset: geschiehet dieses mit Papp, so muß das Buch eingepresset werden, in soferne aber beyde Flügel
mit

mit nicht allzudünnen Leim angestrichen werden,
braucht es des Einpressens nicht, sondern es
darf nur mit einem Falsbein wohl angerieben
werden, daß es hält, alsdann wird es oben eingeschlagen, doch da muß man sich sehr wohl in
acht nehmen, daß der Rucken nicht verbogen,
oder faltig wird: ziehe die überstehende Flügel
am Ende wohl an, und überreibe sie mit dem
Falsbein, darauf streiche den Rucken mit dem
Falsbein der Decke gleich ein, hernach stich bey
dem Capital mit dem Circul zwischen den Fals,
und hebe solchen in die Höhe, mit dem Falsbein
aber drucke in den Fals hinein, damit solcher dem
andern Fals gleich kommen möge, und oben am
Capital mache mit dem Nagel und Falsbein
das Capital-Fälslein.

Einige ziehen die Ruck- und Eck-Bücher,
wie die Pergament-Bände, gar ein; und tadle
ich zwar eines jeden Meynung nicht, doch möch-
te ich wissen, was es helfen solle.

Die Ecken schneide zu, und vornen an selbigen gleich weg, die Spize aber wie einen halben
Mond, so darf man im Anmachen nicht besorgen, daß dieselben viel beschmuzt werden; im
Einschlagen aber werden die Neben-Flügel am
ersten eingeschlagen, und mit der Schärfe des
Nagels am Pappendeckel eingekneipet, sodann
das obere- oder vordere Flügelein herüber- und
mit einem Falsbein hübsch scharf und eckigt
gestrichen.

Wann

Wann du aber dein Buch ja willt durchgezogen haben, so muß auch im Bestechen anstatt
der Schnur ein Pergament-Riemlein genommen werden, auf was Art und Weiß, wird
bey denen Pergament-Büchern gleich folgen.

Von Pergament-Büchern.

Pergament - Bücher werden, nachdemé sie
vom Ansezen trocken sind, nach Proportion formirt, wie erst oben bey denen Ruck-
und Eck - Büchern gezeiget habe, ausgenommen, daß diejenigen, so Ueberschläge bekommen sollen, vornen in etwas kürzer formirt
werden, als oben und unten, da sonsten bey allen Büchern, sie mögen Namen haben, wie sie
wollen, die vordern Canten höher, als die obern
und untern werden: Nach dem Formiren werden schmahle Streiflein Pergament geschnitten,
und darauf bestochen, und diese müssen wenigstens 2. Finger über den Rucken heraus gehen,
damit man sie durchziehen kan.

Weilen aber diese Riemlein hinten angelegt
werden, und sich an des Ruckens Pergament
schliessen müssen, so nehme ich noch ein dünnes
Streif-

Streiflein Pappendeckel, und beſtich es hinten am Pergament-Riemlein mit an, damit das Capital ſtärker wird, und mithin ſich beſſer an das Pergament ſchlieſſet: Nach dem Beſtechen werden die abgeſchnittenen Fäden angepappet, damit ſie ſich nicht aufziehen, alsdann ſchneide die ſuprà p. 92. erwehnte heraus ſtehende Riemen ſo zu, damit ſie leicht und gleich durchzuziehen ſind, jeden Bund doppelt oder einfach, wie es bey dir eingeführet iſt. Dieſe Riemen hintern im Beſtechen gar ſehr, indeme ſich die Seiden und Zwirn, mit was nemlich beſtochen wird, oft daran hänget: man kan aber dieſem leicht vorkommen, maſſen man nur 2. Brettlein hinten und vornen auf die Riemlein legen, und alſo ſolche mit einpreſſen darf, ſo hindern ſie nicht mehr: Hernach ſchneide dein Buch zu, aber ja nicht zu klein, geſtalten das Pergament unter beſtändigem Ausſpannen verfertiget worden: dahero, wann es gefüttert, und naß wird, es ſich gerne einziehet, und kleiner werden muß.

Im Füttern muß man darauf ſehen, ob das Pergament einen Grund hat oder nicht, dann wann es dergleichen hat, ſo darf nur ſchlecht Concept-Pappier zum Füttern gebrauchet werden: hingegen wo es nicht gegründet iſt, ſo muß das reineſte Schreib-Pappier genommen, und mit feinem Kleiſter von Stärk gefüttert werden. Bey dem Füttern muß man ſich nach der Stärke des Pergaments richten, dann wann das

Per-

Pergament ſtark, ſo muß es fett oder dick mit
Kleiſter gefüttert werden, damit es erweichen
kan; hingegen dünnes Pergament ganz dünn:
ja einige, wann ſie das dünne Pergament füttern, ſchmieren mit Kleiſter das Pappier zum
Füttern dünn an, ſodann ziehen ſie es auf einen
reinen Pappendeckel auf, nnd wieder ab, damit
der mehreſte Kleiſter auf dem Pappendeckel blei-
-bet, und ſonach füttern ſie das Pergament.
Hauptſächlich aber iſt acht zu geben, daß das
Pappier hübſch gleich angeſchmieret werde, und
nicht an ein Ort viel und an das andere wenig
Kleiſter hinkommen möge, angeſehen das ungleiche Anſchmieren auch ungleiches Trocknen verurſachet.

Wann nun das Pergament gefüttert iſt, ſo
laſſe es eine Viertelſtund auch länger liegen,
nachdeme du es ſtark oder ſchwach angefeuchtet
haſt, laß es aber nicht frey liegen, ſondern lege
es gleich nach dem Anfeuchten unter reine Pappendeckel, damit es nicht allzu trocken werden
möge: Haſt du aber mehr als einen Band auf
einmahl einzumachen, und bey einem dünn- bey
dem andern aber dickes Pergament iſt, ſo füttere
das dünne zuerſt; dann weilen es dünner angefeuchtet wird, ſo bringt die Vernunft von ſelbſten mit ſich, daß es ehender trocken wird; mithin kann bald der Anfang mit dem Einmachen
geſchehen.

So-

Sobald du findeſt, daß keine naſſe Flecken mehr im Pergament zu finden, ſo mache den Anfang zum Einmachen: dann allzuſpröde und trocken darf das Pergament durchaus nicht ſeyn, ſonſten es ſich an denen Decken nicht wohl anziehet, und Blaſen cauſiret, wovon gleich ein mehrers ſagen will.

Der Anfang des Einmachens beſtehet dar-innen, daß der Rucken von eihem Fals zum an-dern oben und unten mit dem Circul wohl abge-meſſen, und das- über das Pergament hervor reichende Pappier mit einer Scheer wegge-ſchnitten, und wann der Rucken an einem Ort eng- oder breiter iſt, alſo verfahren werde, wie ſuprà p. 107. bey denen Ruck- und Eck - Bü-chern geſagt- und gewieſen habe.

Das Ruckenbrechen aber iſt darinn unter-ſchieden, daß die Breite des Ruckens dort mit dem Circul an beyden Seiten eingeſtochen, hier aber neben des Pergaments obern Decke der Ru-cken mit der untern Decke abgemeſſen wird. Ich will es aber noch deutlicher expliciren, damit du mich recht verſteheſt: Lege das Pergament alſo auf einen ſaubern Pappendeckel, daß das Pap-pier, womit es gefüttert worden, in die Höhe kommt, die ſäuberſte Seiten lege linker Hand, überſchlage dieſe, und meſſe mit dem Circul von dem einem Ende biß zum andern zur rechten Hand oben und unten, alsdann ſtreiche das

Buchb. I. Theil.   H   Per-

Pergament nieder, und mache also den Anfang
zum Rucken: Stich ganz auffen am Ende unten und oben den Rucken ab, und wann er auf
einer Seiten etwas länger oder enger ist, so theile ihn darnach ein, sofort lege von einem Stich
zum andern im Rucken ein Linial, streiche mit
einem Falsbein an denselben herunter, und fahre
auffen damit am Pergament an dem Linial her-
auf, damit die hintere Seiten in die Höhe
kommt, streiche es mit dem Falsbein gar zusammen, und mache auffen die Fälslein nach Proportion, wie ich p. 108. bey denen Ruck- und Eck-
Büchern gesagt habe, mithin wird der Rucken
selbst einen Bogen geben: Hernach lege das
Buch in des Pergaments Rucken, daß die sau-
berste Seiten vornen ankommt, theile es wohl
ein, damit nicht an einem Ort viel, und am andern wenig Spatium vom Pergament über die
Canten heraus stehet, darauf zeichne die Riemlein der Bände ab, stich solche mit einem Schuhmachers Ord oder Ahle ein, und gib wohl acht,
daß du nicht zu weit hinaus an den Rucken kommest, sondern bleibe lieber ein klein wenig im
Fals, angesehen, wo der Stich im Rucken
kommt, es sehr übel stehet.

Nach dem Einstechen ziehe es durch, damit
das Pergament genau an die Bünde zu stehen
kommet, darauf stich wieder durch, damit die
Riemlein in der Decke am Buch heraus kommen: wende darauf das Buch um, und versehe

re hint, wie erst gesagt, und du vornen verfahren hast: ziehe darauf die beeden Pergamente
wohl an, damit es hint am Rucken sich anleget,
und streiche mit einem Falsbein das Pergament
an der Canten nieder, sodann schlage die obere
Seiten ein, jedoch must du dich wohl vorsehen,
daß der Rucken nicht verbogen wird; kan also
das Einschlagen am füglichsten geschehen, wann
du das Buch von dir, den Rucken aber gegen
dich stellest, und beyde Decken bügest, damit
es oben zum Einschlagen etwas weiter wird.
So ferne aber dieses Buch einen Titul bekommen, und solcher in Ermanglung der Alphabeth
mit Schriften aufgedrucket werden solle, so
schneide hint am Rucken das Pergament, welches soll eingeschlagen werden, zur Helfte weg,
damit es im Abdrucken keinen Absaz giebt, und
die Buchstaben nicht ungleich ausgedrucket werden, und nur zur Helfte halten: hernach schlage die Canten wohl ein, und reibe sie an; so
hoch nun die Canten sind, so hoch mache auch
den Rucken, und verfahre, wie ich bey denen
Ruck- und Eck-Bänden gesaget habe.

Wann aber das Buch Ueberschläge bekommt,
so nehme, nachdem es unten und oben eingeschlagen ist, einen Cireul, öfne solchen bey einem
Folio, welches Hand dick ist, etwann so weit —
drucke mit dem Falsbein an denen 4 Ecken das Pergament scharf nieder, ziehe aber das Pergament
wohl herfür, und fahre mit dem Circul an denen

Canten ziemlich ſtark herunter, damit der Circul
etwas einſchneidet, und dadurch den Weg
bahnet, wie breit die Ueberſchläge werden müſſen: ſonach ſchlage die Canten herüber, ſchneide die Ecken ab, aber ja nicht zu weit und zu
tief, zumahlen gegen die breite Seiten hin, ſondern trage es an, daß gegen die Mitte etwas
ſchreg geſchnitten wird, damit das Ecke des
Buchs mit dem abgeſchnittenen Eck gleich zu-
trift, darauf umbüge den Ueberſchlag wohl mit
einem Falsbein, daß aber der Nagel von dem
Daumen im Ueberſchlagen wohl widerhält, damit die Ueberſchläge gleich und ſcharf zum Vorſchein kommen. Die übrige Proportion von
Ueberſchlägen wird nach der Gröſſe oder Dicke
des Buchs eingerichtet, nemlich ein Quart bekommt dieſe Weite — ein Octav ſo weit —
und ein Duodez noch etwas enger, es wäre dann
an einem- oder den andern Ort eine andere Mode hergebracht.

Noch eins habe zu ſagen, an denen Ecken
gibt es gerne eine Höhe, und zwar darum, weilen das Pergament an ſelbigen auf einander zu
ſtehen kommet: Man kan aber dieſem bald vorkommen, indeme nur vor dem Einmachen ein
Quer-Finger lang ein Streiflein von der Ecke
der Decke ſchreg weg- und oben bey der Ecke
einen halben- oder ganzen Meſſerrucken breit abgeſchnitten werden darf, damit es am Ende
ſchreg zulauffet: Dieſes thue an allen 4. Ecken,
ſo

so ist der Fehler gehoben, und wird sich das Pergament gleich anlegen.

Willt du auf dein Pergament-Buch so viele Zeit spendiren, und im Einmachen oben und unten an denen Ecken im Ueberschlagen das Pergament etwas schreg hinein wenden, so stehet solches nicht allein wohl, sondern wann das Buch zu stehen kommet, hat es auch diesen Nutzen, daß sich die Ecken nicht anstoßen, und sich dadurch vom Vorsetz-Pappier losreißen.

Bey Quart- und Foliis-Bänden pappen auch einige die Decke ein wenig an, und legen sodann Pappier darauf, daß neben herum eines Fingers breit Spatium bleibt, da kein Pappier hinkommt, sondern der Kleister das Pergament anziehen muß. Indeme aber nicht finde, zu was es dienen solle, zumahlen wann das Pergament-Buch im Einmachen seine gebührende Feuchtigkeit hat; so lasse es als ganz unnöthig darum weg, weil gefunden habe, daß wann solche Bücher in die Wärme kommen, sie wie die ganz Angepappten gerne schef oder krumm lauffen.

Zwischen Capital und Canten stecke den Circul oder Ahle, wie erst vornen bey Ruck- und Eck-Büchern gesagt habe, darauf ziehe die Capital-Riemlein durch, und mache am Rucken das Capital-Fälslein.

Bey Durchziehung des Capital-Riemleins habe noch dieses zu erinnern, daß erstlich so viel mög-

möglich das Bestechen das eingestochene Löchlein, wo das Riemlein durch muß, wohl bedeckt; er-meldtes Riemlein aber etwas schreg gegen dem Buch einwärts gestochen wird, damit am obern-oder untern Canten im Anpappen es nicht her-vor stehet.

Wann nun dein Pergament-Buch klar ge-sagter massen eingemacht ist, so säume nicht lang mit dem Anpappen und Einpressen, zumahlen wann es warme Zeit ist; die allzulange Riem-lein schneide ab, und pappe es an.

Bey dem Anpappen hast du dich wohl vor-zusehen, daß du nicht von hinten, nemlich wo das Buch angesetzet worden, sondern vornen ge-gen dem Schnitt zu anfängest, massen sonsten das Vorsez-Pappier sich erweichet und dehnet, mithin vorstehet, also das Buch nicht wenig schändet. Diesem aber vorzukommen, must du nicht langweilig seyn, sondern so gut als möglich mit dem Anpappen eilen.

Bey dem Einpressen vergiß nicht, vornen etwas mehr als hinten wegzupressen, und zwar mit geziemender Gleichheit nach Anweisung pag. 42.

In der Preß muß man das Buch wohl aus-trocknen, und wenigstens eine Stund oder 6. bey warmen Wetter in derselben lassen, auch gleich nach dem Einpressen oben mit einem Fals-bein an der Runde des Rucken das Capital-

Fals-

Fäßlein wohl zurück legen, und dem Fals nach-
helfen: Zu dem Ende darf nur mit der Schärfe gedachten Falsbeins, auffen am Buch hinein
gedrucket werden, so schließt sich das Pergament
auf das Beste.

Wann nun das Buch trocken ist, wird es
aus der Presse genommen, das Vorsez-Pappier abgelöset, und mit ein wenig Seifen und
feinen Pappier-Spänen wohl abgerieben.

So lange der accurate Buchbinder ein Buch
im Hauß hat, so lange besorgt er es mit Be-
schwehrung, damit es nicht auflaufen kan, kommet es aber aus seiner Hand, so werden die
Deckel ein wenig einwärts gebogen, und abgeben.

Es gibt noch eine Art Pergament-Bände,
welche aber nicht überall gemacht werden, nemlich die in schlechten Pergament: Diese werden
gleich nach dem Füttern also naß eingemacht,
ohne solche zu durchziehen, nur aufgepappt und
eingeschlagen, wie ein Ruck- und Eck-Buch.

Von Horn-Bänden.

Die Horn-Bände gehören auch hieher,
und wird damit nachstehender massen
verfahren: Sie werden von was vor For-

mat

mat sie seyn mögen, geheft und geruckt,
auch angesezt, wie ein Franzband, und bleiben,
im Formiren ebenfalls vornen hoch; im Bestechen aber ist auf weiter nichts zu sehen, sondern
zu verfahren, wie bey allen Englischen- und
Franz-Bänden. Die beeden Decken werden
darum mit feinen weissen Pappier überzogen,
damit nicht die Schwärze von dem Pappendeckel an der Decke durchschläget, und der Band
nicht die Weise und Sauberkeit einbüssen möge.

Kommt es nun zum Ueberziehen, so schneide
dein Pergament wohl zu, ziehe es durch reines
Brunnen-Wasser, und schlage es durch ein nicht
allzufeuchtes Tuch, hernach lasse es solang liegen, biß du die Capital abgerissen, und die
Ecken vom Pappendeckel ein wenig abgeschnitten hast, alsdann schmiere es wohl mit dem feinsten Stärk-Kleister an, am Rucken aber lege
einen Streif weiß Pappier, schmiere es auch,
samt dem Rucken mit weisen Kleister an, und
darauf überziehe es wie ein ander Leder-Buch;
du must dich aber wohl prӕcaviren, daß die
Ecken nicht allzuweit weggeschnitten werden, gestalten sie sonsten im Trocknen sich zuruck ziehen, und der blose Pappendeckel heraus siehet,
welchem nicht mehr zu helfen ist. Sind die
Bünde so hoch, daß zu beförchten, sie mögten
im Ueberziehen-und Schnüren das Futter-Pappier des Rucken zerreissen; so darf man wohl
den Rucken samt denen Bünden mit weissen
Schreib-

Schreib-Pappier überziehen: Sobald nun das
Buch überzogen, wird es nach der Art wie ich
bey denen Franz-Bänden unten zeigen werde,
geschnüret.

Was den Gebrauch des Horn-Bands anbelanget, ist solcher an einem Folio und Quart
nicht ganz zu verwerfen, aber bey Octav taugt
er nicht viel, und noch weniger bey Duodez, die
Ursach ist, weilen das Pergament, wann es trocken ist, so hart wie ein Horn wird, (wovon
auch vermuthlich diese Bände den Namen bekommen) folglich die Bücher sehr hart aufgehen, und bey einem kleinen Buch, wann es in
einen wenig warmen Ort kommt, sich darbey
gerne krumm wirft: Beeden kann zwar noch
ein wenig geholfen werden, als im Ueberziehen:
überstreiche den Rucken mit etwas Fett, und gib
acht, daß kein Papp auf den Rucken kommet,
am Ende beeder Decken biß am Fals aber must
du wohl Kleister geben, und sodann überziehen,
so bleibt der Rucken hohl, und kanst ihn, nach
dem Ueberziehen, wann er trocken ist, wieder
losreissen, wo er sich angeklebet hat. Im Rucken-Leimen aber must du entweder feine klare
Leinwand oder dünnes Pergament überleimen,
dann sonsten der Band gar nicht viel hält, und im
Auf zen dicken Pappendeckel nehmen, und solchen
so stark möglich schlagen, damit er recht vest
wird, und das Pergament an solchem nicht so viel
Macht hat, den krumm und schef zu ziehen.

H 5 Die

Die fernere Ausfertigung mit Streichen, Vergulden und dergleichen ꝛc. muß gemacht werden, wie es verlangt wird.

Vom Ueberziehen der Leder-Bände.

Was die Franz-Bände anbelanget, so wird zu solchen Schaaf- oder Kalb-Leder in rein Waſſer eingeweichet, hernach-mahls wieder, so stark möglich, ausgewun-den, und nach der Gröſſe des Formats zu-geschnitten: Wann es ein groß Buch, so sind die Canten auch etwas gröſſer, als bey einem kleinen, und macht die Dicke der Pappendeckel auch was aus, mithin ist ganz natürlich, daß im Zuschneiden ein groſſes Buch neben herum brei-teres Leder behalten muß, als ein kleines; indeſ-sen kommt es auch viel auf das Leder an, ob es Schaaf- oder Kalb-Leder ist, dann das erstere ziehet oder dähnet sich ungemein aus, das leztere aber fast gar nichts; dahero ist am besten, du ziehest und dähnest das Leder nach dem Auswin-ben, so hart es möglich: gut ist es, wann du es zuvor mit noch einer Person, wie das Frauen-Volk die Wäsche, wohl schwingest, und ſo-dann ausziehest und dähnest, darauf mit einem

Fals-

Falsbein wohl gleich streicheſt, und zuſchneideſt:
Hauptſächlich iſt zu obſerviren, daß 1) auf das
naſſe Leder kein Eiſen zu liegen kommt, dann
wann es nur ein wenig lang lieget, ſo machet es
Flecken, ferner daß 2) der Rucken des Buchs
nicht bloß auf dem Leder, ſondern ein Pappier
darzwiſchen liegt; und wann der Pappendeckel
leimigt iſt, darf er auch nicht auf dem naſſen Leder liegen, ſondern es muß Pappier untergeleget
werden : Warum? wirſt du gleich unten bey
dem Sprengen hören.

Iſt nun das Buch zugeſchnitten, ſo wird
es geſchärft, dabey iſt aber auch zu obſerviren,
daß der Schärfſtein, und alles dort herum rein
ſeyn muß, indeme das Leder gar heigel iſt, zumahlen dasjenige, ſo zu Engliſchen Bänden gebrauchet werden ſolle. Das Schärfen an ſich
ſelbſt, beſtehet in einem wohlgeübten Zug : Es
wird nemlich das Meſſer ganz ſchreg gehalten,
und im Hinauszug, nachdeme es wohl ſchneidet,
hart, oder nur gelind aufgedrucket, im Schärfen
aber wohl darauf geſehen, daß es überall gleich
kommt, und nicht an einem Ort viel, und am
andern wenig weggeſchärfet werden möge.

Nachdeme nun es geſchärft, ſo wird es auf
einen reinen Pappendeckel mit Kleiſter, aber ja
nicht zu dick angeſchmieret, dann ſonſten iſt es
böß zu überziehen, maſſen der Papp zwiſchen
das Leder und den Pappendeckel ſich durchſtrei-
chet, und leicht den Schnitt lädiren, oder gar

Ungleich=

Ungleichheit am Rucken sowohl als auf den Decken verursachen kan: hernach löse das Buch ab, und die Fälse, wo der Leim im Ansezen nicht hingekommen, reisse aus. Am Capital must du ein Stücklein schreg wegschneiden, damit sich das Leder zwischen Capital und Fals wohl schliesset; auch bestuze die Ecken ein wenig von innen heraus, darauf überziehe dein Buch, schlag es erstlich oben und unten, ich meyne vornen und hinten, ein, und nimm die Eintheilung wohl in obacht, daß oben so viel Leder als unten ist, (ich meyne daß es vornen so breit eingeschlagen wird als hinten.) Am Rucken streiche mit beyden Händen über das Buch, damit sich das Leder allenthalben recht anspannet und anziehet; die beyden Decken streiche wohl mit dem Falsbein, oben und unten schlage das Leder wohl ein, und hernach streiche es ein mit dem Falsbein, damit die Canten hübsch egal oder gleich scharf werden.

Am Capital schlage mit dem Falsbein die Höhungen wohl nieder, damit dir im Vergulden keine Hinderung geschiehet, auf dem würklichen Bestechen aber schlage mit dem Falsbein das Leder gemächlich gleich auf, damit die Französische Fillete wohl zu emploiren ist: die Ecken schneide ab, und streiche die Seiten-Leder am ersten ein, sodann kneipe mit dem Falsbein das Leder wohl an, und schlage das vordere darüber, mit dem Falsbein angerieben; am Capital aber

muß

muß noch etwas Kleister eingestrichen, und sodann geschnüret werden. Mit den Schnüren
machen einige viele Variationes und Arten, als
mit Pappendeckeln, mit Schnur-Brettern und
dergleichen. Die beste Art, halte darvor, ist
diese bey einem Französischen= oder Englischen
Band: Bey einem Octav und Quart auch Folio, wann es nicht allzugroß ist, lege ich oben
und unten ein sauberes Brett, umbinde es 10.
biß 15. mal stark mit einer Schnur, sodann
umschnüre mein Buch, und zwar nur die Bünde. Am Capital wird an einem Franzband keine Schnur geschnüret, weilen es sich nicht wohl
darauf vergulden lässet, und die Schnur in das
Leder schneidet, mithin die Franz-Fillete nicht so
tief hinein gedrucket werden kan, daß das Gold
hält: Im Schnüren selbst aber muß wohl acht
gegeben werden, daß die Schnur hübsch gleich
am Bund zu liegen kommt, sodann nehme ein
breites Schnabel-Zänglein, und beuge beede
Schnüre am Bund vest an, so wird der Bund
hübsch hoch, überfahre darauf mit dem Falsbein den Rucken, und siehe zu, ob die Capital
nach ihrer Ordnung sind, neben aber drücke das
Leder zwischen dem Bestechen und Pappendeckel wohl an, und lasse es trocknen.

An einem gar zu grossen Folio, als Regal,
oder die sehr dick sind, müssen freylich die Schnür-
Bretter appliciret, und sauber Pappier untergeleget werden, damit eines Theils das Leder
sauber bleibt, und andern Theils die Schnür-
Bret-

Bretter nicht durch das Pressen die Decke ungleich machen, aber gar hart darf nicht zugepresset werden, dann es gibt Leder, durch welches die Lohe schläget, und dahero die Decken
ungleich braun werden.

In soferne aber die Fälse grösser und höher
seyn (obschon dich p. 37. davor gewarnet) als
der Pappendeckel ist, so gibt es unumgänglich
Blasen, und das Leder, es sey von welcher
Gattung es wolle, legt sich auf die Decke nicht
an, da ist nun abermal guter Rath theuer, und
kan mit nichts anders geholfen werden, dann
du streichst vor dem Ueberziehen die allzu hohen
Fälse mit einem Hammer stark nieder; will es
noch nicht helfen, und es ist noch zu hoch, so
muß das Buch nach dem Ueberziehen mit reinen
Brettern eingepresset werden, welche accurat in
Fals gelegt werden müssen; ja die Bretter laß
auch in Schnüren an Fals liegen, so ist dem
Buch zur Noth geholfen.

Wann es trocken, so wird es losgewickelt,
und am Fals mit dem Falsbein wol eingestrichen;
am besten ist es, wann die Decke ein wenig aufgemacht, und an denen Bünden hier und dar
nachgeholfen wird. Wo etwas ungleich- oder
höckerigtes zum Vorschein kommet, so streiche
es mit dem Falsbein fleißig nieder.

Vom

Vom Sprengen.

Bey einem gemeinen Franzband, wann selbiger wohl trocken, überfahre die Decke mit ganz dünnen Kleister; und daferne
der Rucken verguldet werden solle, so mache
solchen nicht mit Kleister, sondern dupfe ihn
mit Schwärz, oder färbe ihn schwarz, nachdeme deine Kunden es haben wollen, und bey dir
es Mode ist.

Die Canten werden mit einem Haar-Pen-
selein geschwärzt, oder Streif-weiß gemacht,
wie man es haben will. Hat das Buch Theile, so ist meist gebräuchlich, daß das Tomfeld
schwarz gefärbt wird, einige machen es gar, wie
Titul-Felder, roth, ja ich habe auch schon blaue
Tomfelder machen müssen; Alsdann wird die
Decke mit Eisen-Schwärz gesprenget, welche
also zubereitet wird: Nehme altes Eisen und
Hammerschlag, ferner schütte Eßig oder Bier,
Wein, oder Bier-Eßig daran, und lasse es etliche Tage abbeissen: Hast du im Herbst Gelegenheit, so wirf frische Nuß-Schelfen darein,
oder Stücklein Cortuan, welches auch seine
Dienste thut.

Das

Das Sprengen selbst wird heut zu Tag also verrichtet: Man nimmt einen grosen wohl-
eingemachten Bensel, und stösset solchen in die
obgesagte Schwärz, und wann er ausgedrucket,
so werden etliche Schläge in die Schwärze gethan, damit sich die Haare auseinander sezen,
und das Grobe wegfället: hernach wird ein
Hammer oder sonsten etwas genommen, so widerhält, und sofort ganz gemächlich in gleicher
Stärke über das Buch fortgeschlagen, biß es
nach deinem Willen dick genug ist. Ich habe
erst gedacht, in gleicher Stärke, und damit will
so viel sagen, daß man nicht bald hart bald wenig mit dem Schlag-Bensel auf den Hammer
schlagen darf, dann wann ein Schlag zu hart
gethan wird, so fället die Schwärze allzudick
und ungleich auf die Decken.

Noch eine andere Art zu sprengen ist, wann
man einen Bensel abschneidet, daß die Haare
nur einen Zoll hoch sind, damit wird das sogenannte Luft-Sprengen verrichtet, und zwar
dergestalt: Der Bensel wird mit Schwärze
angefüllet, und ausgedrucket, darauf ein wenig
vom Buch (welches in einer Presse also lieget,
daß beyde Decken, samt dem Rucken in die Höhe sehen) zuruck gegangen, und mit dem Finger
allezeit nur ein Haar oder 12. angeschlagen, daß
die Schwärze in die Luft fähret, und wieder
zuruck auf das Buch fället, und darauf lieget,
wie f. v. Fliegen-Koth auf der Decke: Es muß
aber

aber das Buch ein paar mal umgewandt werden; dann wo es am weitesten vom Sprengen
liegt, werden die Tröpflein etwas grösser, als
wo es nahe bey der Hand ist.

Noch eines muß ich bey dem Sprengen erinnern, daß die Bensel öfters halsstarrig werden, und entweder die Tropfen auf das unge-
schickteste fallen lassen, oder auf ein Ort gar zu
grob hinwerfen, alsdann werden nur ein paar
Tropfen Baumöl in den Bensel gerieben, welches gute Dienste thut; aber wann es allzuoft
geschiehet, wird der Bensel allzufett, und nimmet keine Schwärze mehr an: Daferne nun
sich dieses ereignet, so ist kein besserer Rath,
dann daß du den Bensel mit klarer Kreiden,
oder nur Asche wohl abreibest, und hernach aus-
waschest, so wird die Fette heraus gerieben. Es
geschiehet auch gar oft, daß im Sprengen einige Tropfen auf den Schnitt fallen, und denselben des Glanzes berauben, da darf man nur
oben und unten einen Abschnitt vom Pappier
vorlegen, so ist auch diesem vorgebogen.

Will aber die Schwärze nicht allenthalben
einfallen, und es hat Apparence, das Leder
seye an einem Ort fett, und könne also nicht gesprenget werden; So ist es freylich ein odiöser
Casus, wo es aber herkommt, will ich dir gleich
zeigen: Erst vornen habe gesagt, du sollest so

Buchb. I. Theil.   J   viel

viel möglich im Ueberziehen acht haben, daß das Leder nicht auf einen unsaubern, oder leimigten Pappendeckel angekleistert werden möge, ja ich habe dich ermahnet, daß du Pappier unterlegen sollest, wo der leimigte Rucken liegt.

Hast du nun dieses unterlassen, so wisse, daß die Flecken, welche die Schwärze nicht annehmen wollen, von sonst nichts als der Unsauberkeit deines Pappendeckels oder Ruckens herkommen: Deme allen aber abzuhelfen, lässet man, was schon gesprenget ist, wohl austrocknen, und wäschet hernach die ganze Decke mit s. v. Urin stark aus, und machet sie hernach wiederum mit Kleister, und sprenget fort. Ist aber allbereits an einem Ort zu viel gesprenget, und keine Egalität zu versprechen, so schneide ein Pappier aus, und überlege die allzudick gesprengte Seiten.

Vom Titul aufkleben und färben.

Nachdeme nun das Buch gesprengt, und ein wenig gestanden, biß die Schwärz hineingetrocknet ist, so klebe den Titul auf, vor

vorhero aber schneide dasselbe Feld mit einem
guten Messer wohl aus.

Das Ausschneiden aber bestehet nur darinn,
daß du die Nerve des Leders oben ein wenig
weg, keinesweges aber das Leder allzutief ein-
schneidest und geschwächet wird; auch ist das
höckerigte Ausschneiden best möglichst zu verhü-
ten, ansonsten der angeklebte Titul ungleich zum
Vorschein kommt.

Nehme sodann ein Stücklein Savian, und
schärfe es wohl aus, hauptsächlich aber lasse neben nichts Raues stehen, und trage es lieber
darauf an, daß der Titul einen Messerrucken,
oder nach Proportion von den Bund ab, als
daß das Rothe an dem Bund anstehe: Hernach
wird das in etwas abgeschnittene Titul-Feld
wohl mit Kleister überrieben, der Savian mit
Kleister angefeuchtet, und aufgemacht.

Anstatt des Savians kan auch schäfen
Pergament roth gefärbet, oder Pappier genommen werden, so gehet es auch an, und ist hiebey
nur dieses zu erinnern, daß das Titul-Feld auch
ausgeschnitten, das schäfene Pergament ein wenig angefeuchtet, und der untere Grund wegge-
schabet wird, jedoch nicht allzuviel, damit das
Pergament nicht vorscheinen, mithin im Aufleim-
men nicht durchschlagen oder schwarz werden

J 2   möge,

möge, und wird das Pergament nicht aufgepappet, sondern aufgeleimet.

Damit aber eine Arbeit und deren Vortrag
nicht ineinander gewickelt, und corrupt vorgetra-
gen werden möge, so will in GOttes Namen
von einem Band biß zum Ende zu zeigen fort-
fahren, wie solche verfertiget werden, und bleibe
dahero bey dem Franzband.

Von Franzbänden, Gründen, Ver-
gulden und Abglätten.

Wann die Titul aufgeklebet und trocken,
so überfahre den ganzen Rucken dicht
mit Baumöl, doch nimm dich wohl in acht,
daß nichts davon über die Decke lauft, massen es abscheulich braun wird, und kan man
es eigentlich sehen, wann das Buch fertig ist;
dahero überfahre den Rucken zwar wohl, doch
aber nicht gar weit hinaus, damit es neben nicht
ablaufen, oder an die Decke zu genau kommen,
mithin neben an der Decke bey denen Fälsen
nicht braunfärbig werden möge; Sobald der
Rucken überfahren, so lasse das Buch nicht stehen,
sondern lege es, massen sonsten das Baumöl neben

ben herunter laufen würde. Es wird aber diese
Anfeuchtung nicht mit einem Schwammen oder
nur mit blosen Fingern verrichtet, sondern
Baumwollen in das Baumöl geworfen, und
sobald das Oel in selbige geschloffen, ausgedrucket, und so viel darinnen behalten, daß die
Anfeuchtung, oder vielmehr Anölung, damit geschehen kan, und wann es geschehen, werden die
Finger wieder rein gemacht, damit wann du das
Buch von ungefehr angreifest, keine Flecken causiret werden mögen; Hat dich aber ja, wie man zu
sagen pfleget, der Ungeschickte grüssen, und du
Oel über die Decke laufen lassen, oder die Decke mit öligten Händen angetastet, so ist kein
anderer Rath, als daß du so geschwind möglich,
die ganze Decke ganz dünn mit Baumöl überfährest, damit sie doch egal oder gleichfärbig
wird. Wann das Oel hineingeschloffen, und
das Leder weich ist, wird der Rucken überglättet, du wirst aber ohnehin so vernünftig seyn,
daß der Titul nicht überölet noch geglättet wird.
Es gehet aber dieses Glätten nicht bey allen Ledern an: Dann als ich in der Schweiz war, haben wir Französisches Leder gearbeitet, welches
an sich selbsten vest, mithin das Uebergätten nicht
nöthig gewesen, wie man dann auch, da es geglättet worden, genug zu thun gehabt, daß man
die Stämpfel hineindrucken können.

Hast du einen Savian-Titul, oder von andern rothem Leder, so überfahre denselben mit

einem

einem guten Leim-Tranf, und laſſe es wohl
trocknen. Bey Pergament-Tituln aber iſt dieſes nicht nöthig, ſondern nur bey Ledernen.
Unter dieſem Trocknen verfertige den Eyerflar,
welcher etwas dicker ſeyn muß, als bey dem
Schnitt-Vergulden: Es wird nemlich unter das
Weiſe von einem Ey der dritte Theil Waſſer
angegoſſen, jedoch kommt es nicht darauf an,
ob etliche Tropfen mehr oder weniger unter das
Eyerweiß kommen oder nicht: alsdann wird um
beſſerer Feuchtigkeit willen ein wenig gemein
Salz unter daſſelbe geworfen, einige aber
thun etliche Tropfen Baumöl in das Eyerweiß,
damit es 1.) milder wird, und 2.) nicht ſo ſehr
giſchen ſolle: hernach wird es mit einem Quirl
abgeſchlagen, und am Boden ſich bald ſezen,
und wäſſerigt werden: ſodann nehme einen reinen Schwammen, weiche ſolchen wohl in Waſſer ein, daß er durch und durch naß wird, und
drucke ſolchen wiederum völlig auf das ſtärkeſte
aus, darauf fülle ſelbigen mit Eyerweiß, und
überſtreiche damit den Rucken oder deinen
Franzband.

Zu dem rothen Feld muſt du ein a part reines Schwämmlein haben, geſtalten die Schwärze ſeyn mag, wie ſie wolle, ſo ziehet ſie ſich ein
wenig, und daferne du nur einen Schwammen
haſt, ſo wirſt du finden, daß das Titul-Feld
unſauber wird.

In

In soferne aber dein Rucken sich widrig stel-
let, und das Eyerweiß nicht annehmen will, so
waschen einige denselben mit s. v. Urin aus, wann
er trocken, und überfahren ihn sonach mit Eyerweiß; Es ist aber dieses nicht nöthig, sondern
wann der Rucken das Eyerweiß nicht annehmen
will, so überstreiche solchen dannoch, und reibe
dasselbe mit der Hand wohl ein, überfahre sogleich nach dem Reiben den Rucken, und lasse
selbigen trocknen. Nachdeme er trocken, wird
er mit dem oftgemeldten Eyerklar 2. auch zum
3ten mal überfahren, wiewohl das 3te mal es
nicht absolument seyn muß.

Wann es nun wohl trocken, (dann sonsten
Gold und Grund am Stempfel klebet) und du
es mit der Hand überfahren, und nichts Nasses
mehr spührest, so überfahre den Rucken ganz
gemächlich mit ein wenig Baumwollen, darinnen Oel ist, und reibe es wohl mit der Hand ein,
alsdann überfahre es mit der geölten Baumwollen noch einmal, sonach trage den Rucken auf
mit Zwisch-Gold; dann von einem solchen Rucken ist bißhero die Rede gewesen. Auf nicht zu
wenig auch nicht zu viel Oel wird der Rucken
aufgetragen, massen, wann du zu wenig Oel
nähmest, daß Gold auf den Rucken nicht anhält, und leicht wegfladert, nimmest du aber zu
viel, so wird das Gold ersäuffet, und nicht
glänzend oder blank. Nach dem Auftragen
wird es wohl mit Baumwollen niedergedupft,

und

und sodann vergüldet: der Anfang wird mit einem Bund-Filletlein, neben denen Bünden, zwischen dem Rucken und der Decke gemacht, und
wann es fertig, das übrige Gold, so gegen die
Decke zustehet, biß an die Filleten weggewi-
schet, und werden mit einem Spiz oder doppelten; ja nach Beschaffenheit der Felder auch nur
mit einer einfachen Fillete zwischen die Bünde die
Rucken-Felder eingefasset, daß du mit der Fillete
dem Bund nicht zu genau kommest in deme, wo
es vorhero eingerieben, oder geschnüret worden,
sich noch ungleiche Kerben finden, darinnen sich
die Feuchtigkeit enthält: So du nun mit der
Fillete darauf kommest, kan es leicht hinein bren-
nen, oder wann es ja schon trocken, und dieses
nicht zu besorgen, so halten doch die Filleten
der Ungleichheit halben nicht gerne, mit einem
Wort, es stehet auch besser, wann die Einfas-
sungs-Fillete etwas vom Bund abstehet. Das
obere und untere Feld aber wird mit einem Circul abgestochen, damit solches denen andern
gleich kommen mäge, und hernach mit der Fillete dann Kopf und Ende oder Schwanz, nach
sonst gewöhnlichen Buchbinder-Terminis einge-
faßt und duplirt, oder noch eine Fillete, nachdeme es erfordert wird, überdrucket, alsdann mit
der Franz-Fillete oben und unten, auch über die
Bünde eingefasset, und der Mittel-Stempfel
nebst denen Ecken aufgedrucket, wie an allen
Franzbänden zur Genüge zu ersehen, und dahero nicht nöthig ist, ein Kupfer hieher zu setzen;
jedoch

jedoch ist bey diesem Vergulden noch nachstehen-
des zu observiren: Wann du nemlich findest,
daß du hierinnen noch nicht die vollkommene Experience erlanget hast, so suche die Mitte von
dem Rucken, welche du am füglichsten dergestalt finden kanst: Uebermiß solchen mit einem
Streiflein Pappier, welches so lang seyn muß als
der Rucken breit ist, lege dasselbe gleich zusammen, und stich in die Mitten ein Löchlein; mit
ermeldtem Streiflein Pappier überlege noch-
mahls den Rucken oben und unten, und bemerke die Mitte mit einem Circul oder sonst etwas
Spitziges, lege von einem Punct zum andern
ein Linial, und fahre mit etwas, so aber nicht
scharf seyn darf, in der Länge herunter: Es
muß aber dieses geschehen, nachdeme das Buch
schon geeyerweißt, und einmal gelind mit Oel
überfahren worden. Nach diesem Strich seze
im Vergulden den Mittel-Stempfel, so kan es
nicht fehlen, sie müssen gleich kommen, wann
nur in gleicher Eintheilung zwischen beyde Bünde und Fillete eingesezet wird.

Die Hize des Stempfels belangend, wird
am sichersten verfahren, soferne man ein Anfänger ist, wann man solche so kalt werden lässet, daß sie nur noch ein wenig zischen, und hernach nur etwann 3 mal drucket; massen wann
sie zu heiß gedrucket werden, solche hinein bren-
nen, die allzukalten aber nicht halten.

J 5   Ein

Ein wohlgeübter Vergulder regulirt sich nach
der Beschaffenheit des Buchs, ob noch viel
oder wenig Feuchtigkeit im Rucken ist: Findet
er zu viel, so wird der Stempfel etwas kalt genommen. Sind aber der Bücher viele, und
sonderheitlich zur Sommers-Zeit allzuspröde,
so müssen auch die Stempfel wärmer seyn, jedoch dörfen die Bücher (ja es ist ihnen recht
gut) ehender als bey dem Schnitt-Vergulden
an einen kühl-oder feuchten Ort gesezt werden,
und thut nichts, obschon das Gold überlauft,
wann es in die warme Stuben gebracht wird.
Ein rechtgeübter Vergulder ist im Stand, an
einem Folio alle Mittel-Stempfel auf einmal,
auch beyde Seiten der Ecken abzudrucken; ich
meyne, wann ein Eck warm, so drucket er wohl
10. biß 12. Stempfel, biß er solchen wieder
wärmet, doch gehört eine fertige Hand darzu,
und bestehet der Vortheil in folgenden: Der
Vergulder nimmt den Stempfel etwas wärmer,
als es sich gebühret, und drucket die erstern
Ecken nicht so hart auf, bleibt auch nicht solang
damit auf dem Gold als sonsten, und wann etliche gedrucket sind, wendet er im Aufdrücken
mehr Stärke an, und bey dem Ende bleibt er
mit dem Stempfel länger auf dem Gold, damit die Hize durch längeres Anhalten doch hinein in das Leder dringt, und der Stempfel hält.

Titul und Tomi werden nicht mit Stempfeln abgedruckt, sondern mit Schrift-Alphabe-
theu

then und Filleten, mithin must du dich im Abstempfeln wohl in obacht nehmen, daß du nicht
irre wirst, wovon unten ein mehrers sagen
will.

Sobald deine Bücher völlig abgedrucket,
wische sie ab, feuchte die Canten 2. biß 3. mal
an, alsdann trage auf, und drucke ab; du must
aber dabey wohl acht geben, daß das Gold allenthalben halten möge, gestalten die Canten die
Bände zieren : hernach überfahre die Decke
einmal oder 4. mit Eyerweiß, und glätte ab.

Bey dem Glätten kommt es hauptsächlich
darauf an, daß 1.) der Glätt-Kolben wohl rein,
2.) nicht allzu warm, und 3.) die Decke wohl
trocken ist.

Wann aber, wie oft geschiehet, der Kol-
ben nicht gehen will, sondern stocket, so darfst
du nur mit deiner Schlaf-Müze über die Decke fahren, ich versichere, daß es gleich besser
gehen wird.

Demjenigen nun, der hievon keine Erfahrung hat, wird dieses Ueberfahren lächerlich vorkommen, es hat aber dieses mit dem verguldten
Schnitt-Abglätten einerley Art: das ist, der
Mensch schwizt, tuft, oder dünstet beständig,
wann er in nicht allzugrösser Kälte arbeitet, mithin gehet ein subtiles Fett von demselben, wel-

ches

ches unter andern am meisten in die Haare, und von dannen in die Müze sich sezet; und dieses ist es, was den Gang des Glätt-Kolben befördert.

Wann du nun deine Müze menagiren willt, so darfst du nur mit einem andern Tuch über deine Haupt-Haare fahren, welches eben diese Dienste auch thun wird, oder nehme nur ein wenig Unschlitt, und verfahre damit wie vornen beym Schnitt-Vergulden und Glätten gesaget.

Vom Titul und Tom zu vergulden.

Was aber die Verfertigung der Titul anbelanget, wird darzu die gröste Accuratesse, die nur im Buchbinden vorkommen mag, erfordert, und muß bey Abdruckung eines Franzbandes sowohl der Titul als Tomus, wann das Buch aus mehr als einem Theil bestehet, mit der Fillete eingefasset werden, und in soferne der Tom mehr nicht als eine Zeil bekommt, sondern es nur heisset Tom 1. 2. und dergleichen, so fasse das Tomfeld noch mit einer breitern Fillete, nach Proportion deines Buchs, wohl ein, damit das Feld

nicht

nicht allzu leer bleiben möge, wie auf Tab. 5. Fig. 13. b.

Einige drucken auch würklich die Ecken im Tomfeld aus, und an statt des Mittel-Stempfels sezen sie die Buchstaben. Es stehet aber die andere Einfassung weit besser, fället auch schöner und ehender in das Gesicht; massen auch in Franzbänden, welche in Frankreich von denen besten Meistern verfertiget worden, die Tomfelder meist mit Filleten eingefasset sind.

Die Buchstaben drucke zwischen die Einfassung accurat in die Mitte, daß ja nicht oben im Feld, lieber unten ein wenig mehr Spatium gelassen wird; wie auf erstgesagter Tab. 5. Fig. 13. zu ersehen.

Wann es heisset Tom. I. und II. oder IV. - XI. - XVII. und dergleichen, so seze jedesmals ein Punctum hinter die Zahl, wie es hier gedruckt stehet.

Die Titul selbst anbelangend, müssen solche folgendergestalt, wann sie anderst recht werden sollen, eingetheilet werden: Gesezt, du hast das grose allgemeine Lexicon, und es solle mit einem Titul und Tom gemacht werden, so fasse sowohl Titul als Tomfeld ein, wie Tab. 5. Fig. 14. und 13. zeiget.

Wann

Wann es eingefaſſet, ſo theile die Zeilen nach Beſchaffenheit der Schrift mit einem Meſ- ſer ab, wie Fig. 15. weiſet. Du muſt aber mit dem Meſſer ganz ſubtil über dem Gold hinfüh- ren, daß du ſolches nicht wegwiſchſt, oder man hernach, wann es abgewiſchet wird, die Strei- fe vom Meſſer nicht noch ſehen möge, maſſen das Abzeichnen nur zu dem Ende geſchiehet, da- mit man ſehen könne, in welcher Gleiche und Weite die Buchſtaben und Zeilen abgedrucket werden müſſen.

Von rechtswegen ſoll eine Buchbinders- Werkſtatt mit viererley, als Foliis- Quart- Octav- und Duodez-Schriften, ingleichen auch mit ſo vielen Alphabeten, verſehen ſeyn, maſſen zu Franzbänden Schriften, zu Perga- ment-Bänden aber Alphabete, und zwar dar- um gehören, weilen die Schrift auf Pergament gerne glitſchen und abweichen, auch wegen der Härte des Pergaments (ich meyne in Perga- ment gebundene Bücher, worauf Titul kom- men) die Schriften gar bald verdorben wer- den. Auf Franzbänden aber gehen die Schrif- ten viel hurtiger von der Hand, hat auch nichts zu ſagen, wann gleich die Titul von Perga- ment auf die Franzbände gemachet werden, ge- ſtalten das ſchäfene Pergament bey weitem nicht ſo hart als das kälberne iſt, mithin kan die Schrift im allzu harten Aufdrucken nicht ſobald niederſizen und Schaden nehmen.

Ueber-

Ueberdiß ist es auch eine mißliche Sache mit Schriften auf Pergament-Titul zu drucken, zumahlen wer es nicht wohl in der Uebung hat, indeme die Schriften gerne glitschen, mithin es garstige Arbeit macht, ja das schlimste ist, daß es sehr übel auszubessern, was mit Schriften einmal verdorben ist.

Das würkliche Abdrucken mit der Schrift geschiehet also: zum Exempel, Tab. 1. Fig. G. seze das Wort allgemein in Schrift-Casten, daß das A. zur rechten Hand kommet, das Kärblein in der Schrift aber muß gegen dich schauen, alsdann seze das Wort gegen die linke Hand so hinaus, schraube den Schrift-Casten zu, wann die Buchstaben zuvor gleich liegen, und mache selbige warm, du must aber wohl achtung geben, daß die Schriften nicht zu heiß werden, dann sie schmelzen ungemein gerne; dahero, wann sie ein wenig zischen, so drucke selbige dergestalt auf, damit das Wort hint und vornen ein kleines Spatium behält, im Aufdrucken aber muß doucement hin und wieder gewanket oder gewogen werden, damit sich die Buchstaben wohl ausdrucken. Bey dem A. seze an, und bey dem S. schliesse in gleich harter Druckung, Das Ende und den Anfang drucke ja nicht zu schreg ein, dann es sonsten einschneidet. Das Wort Historisch ziehe ein wenig mit schmahlen Spacien auseinander, wie bey Fig. H. auch geschehen, damit die mittlere

Zeil

Zeil ein wenig länger wird, die leztere aber als Lexicon schliesse mit einem Punct, wie in allen aus Fig. 1. zu ersehen, als von welchem Titul dermahlen die Red gewesen.

Bey Ansehung dieses meines Schrift-Castens wisse, daß die vier Löchlein K. K. K. K. zu 4. Schreiblein Fig. L. gehören; wann nun das Wort ausgesezt ist, so habe eiserne accurate Blechlein, fast eines Messerrucken dick, wie etliche Eig. M. auf einander liegen, sie haben just die Höhe des Schrift-Castens N. O. So lang nun das Wort ist, ein so langes Blechlein lege ich vor und schraube es mit solchen Fig. L. stehenden Schreiblein vest an, so muß es accurat kommen, und habe keine Ungleichheit noch Wankung zu beförchten, wann es ja mit der Haupt-Schraube Fig. P. nicht allzuhart angeschraubt worden. Noch dieses habe zu erinnern, daß jedesmahls, wann das Wort oder Zeil ausgesezt worden, ein starkes Spatium vorgesezt werden muß, angesehen die grosse Schraube, in sofern das Mittel-Blech Fig. N. nicht gefüttert ist, die Schrift lädirt:

Es gibt zwar noch viele Titul, so 2. 4. ja 5. biß 6. Zeile haben, sie werden aber alle auf diese Art verfertiget, nur daß die Eintheilung anderst gemacht wird.

Gibt

Gibt es Titul, bey welchen das obere Wort viel länger als das mittlere ist, und also in die Mitte nur etliche Buchstaben kommen, so kan mit Eindruckung eines Storch-Schnäbeleins das Feld angefüllet werden, wie bey Tab. 5. verschiedene Proportion zu finden.

Was aber das Abdrucken mit Alphabeten und einzeln Buchstaben anbelanget, wird damit also verfahren: Nach geschehener Abtheilung zähle die Buchstaben ab, und stelle dir vor, wie weit sie Spatium erfordern, auch wie weit sie von einander stehen müssen, und sodann drucke ab, welches aber einem, der es nicht recht kan, ziemlich verdrüßlich vorkommt, massen wann sie zu warm, und unten zur rechten Hiz abgelöschet werden, oben im Stempfel- oder Buchstaben-Heft noch zu viel Hiz stecket, so sich im Abdrucken herunter ziehet, und die Buchstaben verbrennet, dahero am sichersten ist, daß man einen kleinen Stempfel und Alphabet von oben ablösche. Es müssen aber die Alphabete wohl in das Gevierte gefeilt seyn, und alsdann sind sie am besten zu sezen.

Wann du aber gar kein Alphabet von Messing hast, wie leider! in vielen Werkstätten es schlecht bestellt ist, du sollst aber dennoch deine Titul mit Schriften abdrucken, so kanst du dir noch ziemlich helfen: nach dem Färben laß den Titul nicht allzu spröd oder trocken werden,

Buchb. I. Theil.   K   feuch-

feuchte ihn einmahl oder 3. wohl an, 'in soferne
nun das Eyerweiß nicht mehr naß ist, und nicht
klåbt, so trage mit ein ganz klein wenig Baumöl sie auf, so wirst du noch zimlich im Abdrucken
zurecht kommen, und die Schriften, um weilen
sie einen weichen Grund finden, noch ziemlich
menagirt werden.   Da aber aus Versehen ja
entstanden, daß ein Buchstaben in Schrift-Ka-
sten oder mit dem Alphabet versezt oder gar
ausgelassen worden, so ist kein ander Mittel als
du radirst mit einem spizigen Messer oder mit
einer Heft-Nadel das Unrechte aus, überstreichst
es sodann wieder ein paar mal mit Eyerweiß,
und trägst es mit Baumöl wieder auf, in soweit
sich das Radirte erstrecket, und dann abgedrucket.

Hieraus wirst du von Tituln und Franzbån-
den so viel verstanden haben, daß du dir helfen
kanst, und unfehlbar gut thun muß. Anjezo
aber schreite ich zu denen kalbledernen Bånden:
Werden solche nur mit Zwisch-Gold verguldet,
so kan nur die erstgesagte Art gebrauchet werden.   In soferne aber der Rucken mit feinem
Gold verguldet werden solle, muß es freylich,
wann die Stempfel blank stehen sollen, ganz
anderst tractiret werden.

Von

✶✶✶✶✶✶✶✶✶✶✶✶✶✶✶✶✶✶✶✶✶✶✶✶

Von Kalb = Ledernen Französisch= und Englischen Bänden.

Es mag nun ein Franz= oder Englischer Band seyn, so muß im Ueberziehen die Nerve vom Leder mit einem Falsbein wohl aus= auch die Canten sowohl in= als aussen bestmöglichst gleich gestrichen werden, und nach der Trocknung wird, wo es geschnüret worden, neben denen Bänden, und zwischen dem Rucken und der Decke im Fals mit dem Falsbein wohl eingestrichen.

Die Franzbände in Kalbleder werden tractirt im Sprengen und sonsten bis zum Anfeuchten, wie die Schafledernen, ausser daß die Citronen der Schwärze wegen weg bleiben muß.

Wann ein Englischer Band trocken und eingerieben, auch mit Titul und Tom versehen ist, welche leztern auch aufgepappet werden, dann sie sind gar gefährlich zu färben und zu schwärzen, indeme ermeldt Englische Bände gar heigel sind: So laß den Titul trocknen, und nehme alsdann eine Citronen und überfahre damit die

K 2   ganze

ganze Decke nebſt dem Rucken, auch den Savian-Titul, es thut ihme nichts. Wann es
trocken, ſo überſtreiche das ganze Buch mit dünnen Stärk-Kleiſter, alsdann wann es wieder
trocken, ſo nehme von kälbern Pergament-
Stücklein oder von Hauß-Blaſen abgeſottene
Leim-Tranke, welche wohl kleben, und etwas
ſtärker ſind, als ein Leim-Waſſer, welches
zum Planiren gebrauchet worden, überfahre damit ſowohl den Rucken als die Decke, und nach
deſſen Trocknung mit eben dem Eyerweiß, welches p. 134. gewieſen, oder daferne du zu den Engliſchen Bänden ein a partes macheſt, ſo thue
vor dem Kleppern und Abſchlagen zu einem Ey
5. biß 6. Tropfen Citronen-Saft, oder ein
Tropfen biß 4. Vitriol-Spiritus, damit die
Feuchtigkeit halten möge, überfahre alsdann
den Rucken 3. oder 4. mal mit dem Eyerweiß,
und wann er trocken, ſo überglätte ihn mit einem nicht allzu heiſſen Glätt-Kolben: hernach
überfahre den Rucken noch ein paar mal mit dem
Eyerweiß, und nachdeme es trocken, ganz wenig mit einer Speck-Schwarten, damit nur
das Gold hält, ſodann wird mit feinem Gold
aufgetragen und abgeſtempfet wie ein Franzband, auch die Decke etliche mal mit Eyerweiß
überfahren, und ſodann abgeglättet. Hauptſächlich aber muß man ſich nach der Beſchaffenheit des Leders richten, welches, wann es auf
2. oder 3. mahliges Ueberfahren und Glätten
nichts

nichts geben will, freylich öfter überfahren werden muß, damit das Leder eine ziemliche Feuchtigkeit bekommt, folglich sich wohl glätten låsset.

Andere Leder auch Pergament müssen vom
Eyerweiß wohl trocken seyn, ehe man solche mit
Gold aufträgt, dann sonsten bleibt das Gold
am Stempfeln hengen, wie ich schon p. 135.
erinnert habe. Bey den Englischen Bånden
aber in Kalb-Leder muß und darf es nicht allzu
trocken werden, nach dem lezten Anfeuchten,
dann sonst es spröd wird, und die Stempfel
nicht wohl halten; mithin folgt, daß überall ein
Buchbinder auf die Art des Leders zu sehen hat.

Weisser Cantel-Zucker unter das Eyerweiß,
thut auch seine Dienste zum halten, es ist aber
sonderheitlich bey Büchern, welche in Bibliothecken kommen, nicht wohl anzurathen, dann
es ziehet wegen der Süsse nur Mucken oder Flie-
gen herbey, welche nicht allein das Eyerweiß,
sondern auch den Glanz wegfressen, ja was das
übelste ist, sie hinterlassen Würm-Eyer, welche
die Bücher übel zurichten; wovon ein mehrers
zu schreiben ich weiter hinaus Anlaß finden
werde.

Kälberne Franz-Bände werden im Vergulden mit feinem Gold auch wie die Englischen
tractiret, von selbsten aber lehret die Vernunft,
daß bey dergleichen Arbeit ein reiner Schwam-

K 3   men

men genommen, und überhaupt sich wohl vor-
gesehen werden muß, daß man dem Buch sowohl auf dem Schnitt als der Decke keine Flecken anhänge.

Wie die Leder = Schwärz anzusezen, und was solche vor Uebel caussi-ren kan.

Ein grosses Uebel ist, wann die Schwärze
sich im Anfeuchten ziehet, und muß ein
Buchbinder solches zu verhindern suchen, und
seine Schwärze so halten, daß er sich darauf zu verlassen hat: Geschiehet es aber doch,
daß du nicht gewiß wissen kanst, ob die
Schwärze sich ziehet oder nicht, so probire sie
vorhero auf ein Stücklein Leder, und wann sie
zu dick, so schütte Wasser daran, ist sie aber gar
abgestanden, so seze solche wieder folgender
massen an: schütte die alte weg, wasche das Eisen
wohl aus, lasse es ein paar Tag liegen und über-
rosten, und wasche einen frischen Hammerschlag
ebenfalls wohl aus, sodann lasse den trocknen,
und seze mit Bier, Wein-Essig oder Nach-
Bier, welches man hier Glatt-Wasser nennet,
an.

an. Kanst du im Herbst etwas von denen äusfern Nuß-Schalen haben, so lege davon in die Schwärze, sie thun auch sehr gute Dienste, und wann man von Cortuan etliche Stücklein in die Schwärze wirft, so hält sie sich gut. Hast du aber ein Buch mit einer solchen abziehenden Schwärze gesprenget, und im Anfeuchten ist es schwarz worden, so ist guter Rath theuer, und mit nichts mehr zu helfen, dann mit Citronen-Saft, welcher darauf zu sprengen, davon werden die Tropfen, so von dem Citronen-Saft darauf fallen, Leder-Farb.

Spiritus-Vitriol thut auch gute Dienste, allein ich habe gefunden, daß solcher nach etlichjährigen Zeit-Verlauf die völlige Nerven vom Leder abgefressen, dahero er nicht wohl zu brauchen ist, wie er dann auch seine Tücke nicht lässet, wann er gleich mit Wasser geschwächet worden.

Von mehreren Arten der Decken
auf Leder.

Es gibt noch allerhand Decken, als fleckigte, nach Art der Schildkröten, zwey-dreyerley Schwärze aufeinander und dergleichen:

chen: ich will aber nur von etlichen den Grund
zeigen, so wird dir von andern gleich das
Licht aufgehen, wie sie gemachet werden:
Wann das Buch allerhand Flecken bekommen solle, nehme Safran, weiche solchen in
Wein - Eßig, mache damit Flecken auf das
Buch, alsdann nehme rothe Leder - Farb, (wie
diese anzusezen und zu gebrauchen, wirst du
unten finden) und mache mit dünner Schwärze,
endlich aber mit völliger Schwärze doch also die
Flecken, daß hier und dar etwas vom Leder
vorscheinet. Wann es trocken, so wird es hier
und dar mit Citronen - Saft aufgedupft, und
artig stehen.

Willt du aber Züge machen, so überfahre
dein Buch etwas dicker mit Kleister als du sonsten gewohnet bist, und ziehe mit rother Farb
also warm darauf herum, so wird es wohl lassen. Es muß aber die rothe Farb etwas dick
seyn. Du kanst auch mit Eisen-Schwärz es so
tractiren, welche leztere nur kalt, wie ordinair
gebraucht wird.

Mit purer Schwärze kanst du auch auf andere Art hübsche Bände machen, damit verfahre
also: Nehme etwas dünne Schwärze, und
überdupfe mit einem Haasenfuß das geschärfte
und noch nasse Leder, sodann überziehe, und
wann es trocken, so überdupfe es wiederum
mit ganzer und guter Schwärz; nach dessen
aber-

abermahliger Trocknung aber werden mit der
Citronen hier und dar Flecken auf die Decke
gemachet, welches sehr wohl stehet.

Im Sprengen kan auch eine Veränderung,
und zwar folgender massen gemachet werden:
Das Leder, wann es noch naß und geschärft
ist, wird gesprengt und überzogen, nach diesem
wann es trocken, wiederum gesprengt, wie ein
anderer Franzband, und wann es abermahl
trocken, mit Citronen-Saft darzwischen gesprenget, welche Façon sehr wohl anzusehen ist.

Noch mehrere Arten werden gemacht, da
es neben einen dunkeln Absaz hat, oder es wird
neben hell, und weiter hinein dunkel, da werden nur Pappier oder dünne Pappendeckel
ausgeschnitten, und wie man es haben will,
aufgelegt.

Mit den Abglätten wird verfahren, wie ich
schon gemeldet habe, und wird das Buch auf
den Canten verguldet und abgeglättet, auch die
Canten innen abgeglättet, oder gar verguldet,
welches recht wohl stehet, sodann angepappet
und eingepresset. Hiebey ist wiederum zu observiren, daß man nicht hinten, sondern vornen,
anzupappen anfänget, und muß man so viel möglich, sich nicht säumen, dann sonsten das Pappier sich dehnet und fürziehet oder stehet, wie
p. 118. schon zur Genüge gesagt habe.

K 5   Das

Das Einpressen geschiehet mit einem paar
sauber- und glatt gehobelten Brettern, ich halte
Birn-Baumen vor die tauglichsten, doch wo
man sie nicht haben kan, sind die andern auch
gut. Nach dem Anpappen muß das Buch in
der Preß trocknen, worzu nach Beschaffenheit
der Wärme 12. ja 24. Stund gehören. Wann
es heraus genommen, wird es wiederum ein wenig, und der Rucken auch überglättet, aber
durchaus nicht allzuhart, dann sonsten die Stempfel platt stehen, und übel lässet; hernach ist das
Buch fertig.

In soferne aber das Buch auf der Decke
gar verguldet werden solle, wird die Decke nach
Art des Englischen Bandes mit Leim-Tränk
und allem angefeuchtet, ausser daß es nur 2. biß
3. mal mit Eyerweiß gemachet werden darf.

Von Cortuan-Bånden.

Was nun das so recipirte Cortuan-Ueber-
ziehen anbelanget, wird damit der Pro-
ceß also gehalten: Wann der Cortuan zugeschnitten und geschärfet, so dörfen die ein-
geseegten Bücher nur mit Kleister überzogen
wer-

werden, hingegen diejenige, so Bünde haben,
ist besser du überziehest sie mit Leim, und zwar
also: Den Rucken des Cortuans streiche mit
Kleister an, wo du vermuthest, daß der Rucken
hinkommet, darauf schlage den Cortuan zusammen, und lasse solchen eine Weile liegen, damit
der Kleister hinein weichen möge, hernach streiche beede Decken mit einem etwas starken Leim
an, und breite den Cortuan auf, sobann lege
beede Decken gleich darauf, daß an denen Canten gleiches Spatium zum Einschlagen bleibt.

Wann nun der Leim ein klein wenig angezogen hat, so mache das Buch zu, ziehe beede
Decken wohl und gleich herüber, streiche die
obern und untern Canten mit etwas starken Leim
an, schlage solche ein, und gleich darauf die vordern. Am Capital gib ein wenig Leim, und
damit du dasselbe nicht mit Leim beschmierest, so
überstreiche die eine Seiten des Falsbeins, aber
nicht gar zu dick mit Leim, damit fahre zwischen
Capital und Cortuan dergestalt, daß die Seite
des Falsbeins, wo der Leim liegt, an das Capital kommet, welches nicht allein wohl anhält,
sondern du hast dich auch nicht zu beförchten,
daß sich der Leim oben heraus ziehet, und etwas besudelt.

Die Vernunft wird selbst geben, daß bey
allen Büchern, von welchen ich jezund rede, und
noch reden werde, vor dem Ueberziehen die beeden

den Flügel vom Capital-Pergament müssen abgelöset und ausgeschnitten werden, wie schon
supra p. 106. gewiesen habe.

Zum Einschreiben halte dir verschiedene Hölzlein, immer eines breiter und enger als das andere, woran in der Mitten eine Kerbe ist, wo
der Bund im Einreiben sich befinden muß. Es
müssen aber diese Hölzlein von gut und vestem
Holz seyn, welches keine Schiefern gibt, es darf
auch nicht scharf seyn, dann es sonsten durch
das Leder schneidet. Es werden solche Hölzlein
aber nur zu kleinen Büchern gebrauchet, dann
Quart und Folia werden zwischen Bretter geschnüret, wie allschon bey Franz-Bänden angezeiget habe.

Von Savian, Juchten und weisen
Schwein-Leder-Bänden.

Savian wird nur mit feinem Stärk-Kleister überzogen, muß aber eine Weile
nach dem Anfeuchten liegen, damit derselbe
etwas erweichet. Bey Juchten zu grossen
Registraturen und Handlungs-Büchern hast du
dieses zu observiren, daß solcher von einem dünnen

nen Fell ausgeſchnitten werde, und wann er ja
allzudick, ſo muß ſolcher ausgeſchårfet, im
Ueberziehen mit Papp wohl angefeuchtet, und
eine halbe Stund geweichet, und alsdann wie
ein ander Buch, überzogen werden. Weiſes
Schwein-Leder wird insgemein nur mit Kleiſter
überzogen, und iſt einer von denen heigelſten
Bånden, unſtrittig aber der beſte im Halten,
und derentwegen verdient er wohl, daß ich, wie
ſolcher tractiret werden ſolle, mich in etwas auf-
halte.

Was nun den Band in weiſes Schwein-
Leder anbelanget, iſt Nachſtehendes darbey zu
obſerviren : Zu groſen Büchern ſuche ſoviel
möglich etwas dick- und ſtarkes Leder heraus,
hingegen aber zu kleinern nach Proportion ein
dünneres: Kommt es aber, daß du in Ermanglung dicken- zu groſſen Büchern dünnes Leder
nehmen mußt, ſo iſt es freylich, ſowohl des
Haltens, als auch der Såubere wegen, wie
bey allen Bånden, nicht gut: es muß aber ein
Buchbinder öfters aus der Noth eine Tugend
machen, und alſo auch hierinn ſich helfen können. Die mehreſten überziehen das Leder, wann
es allzudünn iſt, mit Leim, ja ſie füttern es gar
mit Pappier, damit der Leim nicht durchſchlå-
get. Ich table zwar die Vorſichtigkeit im ge-
ringſten nicht, jedoch will dir noch einen andern
Weg zeigen, vielleicht gehet dir ſolcher auch ein,
weil er nicht viele Umſtånde erheiſchet: Wann
nem-

nemlich dein Leder so dünn ist, daß du wie durch
Pappier sehen kanst, so nehme weisen Kleister,
streiche das Leder ganz wenig damit an, aber
sogleich nach dem Anschmieren mußt du es so
geschwind als möglich überziehen, dann sonsten
schlägt der Papp entweder allzusehr durch, und
bleiben auf der Decke die Flecken, oder er wird
allzutrocken, und gibt Blasen.

Weilen es sich auch öfters zuträget, daß
das Schwein-Leder ungleich, und auf der einen
Seiten dick, auf der andern aber dünn ist, so
wird die dicke Seiten stark angefeuchtet, und
eine gute Weile, bis es nemlich erweichet, liegen gelassen, sodann das dünnere auch ange-
schmiert, und wie erst erwehnet, gleich überzogen. So ferne aber das Schwein-Leder gleich
dünn ist, so muß solches auch dünn mit Kleister
angestrichen, und sogleich überzogen werden,
massen, wann es lange lieget, der Kleister durchschläget, oder so es dünn angestrichen und allzusehr trocken worden, es, wie vor gesagt, gerne
Blasen gibt, und auf der Deck und Rucken
nicht hält, welches ein schädliches, und nicht
mehr zu remedirendes Uebel ist.

Wann das Buch überzogen, so wird es mit
dem schon gedachten Einreib-Hölzlein eingerieben; da es aber ein Quart oder Folium ist, wird
es ordentlich geschnüret, zu dem Ende findet man
fast in allen Werkstätten Schnür-Bretter, welche

che mit Zwecklein verſehen ſind, und damit verfahre alſo: Wann das Buch überzogen, ſo
ſchnüre es nicht gleich, ſondern laſſe die Decke
ein wenig trocknen, damit im Einpreſſen der
Kleiſter nicht durchſchlagen möge: alsdann lege
unten und oben ſauberes Pappier auf die Decken, und einen Pappendeckel auf das Pappier,
hernach ſeze die Schnür-Bretter oben und unten
in die Preß, und preſſe nur ſo zu, daß das
Buch hält, ſodann ſchnüre.

Bey dieſem Schnüren iſt wiederum zu beobachten, daß auch über dem Capital etlichemal
geſchnüret werden muß, wie dann auch ſehr gut
ſtehet, wann neben jeder Schnur mit dem Pun-
ctir-Schnitt-Röllein gefahren, dann über- oder
auf dem Bund auch eine Schnur gezogen wird,
welches jedoch bey Büchern, ſo verguldet werden ſollen, zu unterlaſſen iſt.

Wann dein Schwein-Leder-Buch geſchwind
fertig werden ſoll, ſo darf es ohne Schaden
wie ein Cortuan-Buch mit Leim überzogen werden: Nachdeme es trocken, wird es abge-
ſtempfelt; dabey aber haſt du dich wohl vorzu-
ſehen, daß das Buch hübſch weiß bleibe: zu dem
Ende lege es auf einen reinen Pappendeckel, und
mache die Stempfel ja nicht wärmer, als du
ſolche auf der Hand leiden kanſt. Es ſtem-
pfeln zwar einige ihre Bücher gar kalt ab, allein
ich habe obſerviret, daß dieſes mit der Zeit
aus-

ausgehet, dahero es billig, als eine lieberliche
Arbeit, zu verwerfen ist.

Ich will auch die Methode, wie ein Folium
abzustempfeln, hiermit demonstriren: Fasse deine ganze Decke mit dem Streich-Eisen ein, hinten aber must du an denen Bünden 2. ja gar 3
mal das Streich-Eisen neben einander führen,
lasse etwann 3. Messerrucken Plaz, und fasse
noch einmal ein: mit dem Streich Eisen streiche
in die Quer, als wann das Buch ausgeschweif-
fet werden solle, so es nicht würklich ausgeschnitten ist. An das Streich-Eisen seze die
Cranz-Rolle, und wann das Folium etwas
lang, so muß selbige oben dupliret werden, doch
dergestalt, daß der obere und untere Cranz gleich
zu treffen, darauf fasse es wiederum mit dem
Streich-Eisen ein, mache mit dem Circul oben
und unten einen Absaz, etwann 2 Finger breit,
und führe die Laub-Rollen doch also herum, daß
selbige vornen gegen dem Schnitt lauft, hinten
aber müssen die Rollen nach dem Rucken stehen,
und zwar, wie man den Druck liefet, sodann
fasse wieder mit dem Streich-Eisen ein, und
mache darauf einen kleinern Absaz als der erstere gewesen, und fasse wieder mit einer Rolle,
nachdeme du versehen bist, dein Buch ein, auf
solche seze das Streich-Eisen, mache noch einen
kleinen Absaz, und fülle mit einem Spiz-Röl-
lein das Feld aus, streiche wieder herum, und
stempfle es endlich ab, wie du kanst, oder mit

Stem-

Stempfeln versehen bist. Ein Quart wird ab-
gestempfelt, daß es 2, ein Octav aber nur einen
Absaz bekommt, die Art davon ist nicht gut vor-
zuschreiben, dann einer hat grosse und der andere kleine Rollen und Stempfel, ja gar Stöcke; muß also darinn jeder sich nach dem Handwerks-Zeug richten. Die Canten der Schwein-
Leder-Bände müssen auch gestrichen, und gar
mit einem Röllein überrollet werden, wann du
dergleichen hast. Von selbsten aber wirst du,
ehe du dein Buch gedachter massen abstempfelst,
so vorsichtig seyn, und bey Bretter-folglich Clau-
suren-Bänden hinten den Clausur-Riemen in
das ausgeschnittene Kästlein hinein stecken, damit die Rolle oder Streich-Eisen an selbigem
nicht gehindert, oder gar in das Schwein-Leder hinein schneiden, und dadurch dem Buch
ein Schandflecken angehänget werden möge.

Schwarze Schwein-Leder-Bände werden
eben so wie die weisen gemachet, nur hat man
sich bey jenen nicht so sehr als bey diesen in acht
zu nehmen, massen sie im Abstempfeln weit mehrere Hize leiden, und damit die Rollen und
Stempfel sich desto besser eindrucken, können
sie vorhero ein paar mal mit dünnem Eyerweiß
überfahren werden.

Lohe-Roth Schwein-Leder, oder auch
Kalb- und Schaaf-Leder, wird vorhero eingeweichet, und wieder ausgewunden, darauf
zugeschnitten, geschärft und geschwärzt, auch

Buchb. I. Theil.   L   nur

nur mit Kleister zum Ueberziehen angestrichen.
Du must aber bey allen diesen Leder-Bänden
wohl auf das Capital sehen, und wann du es zu
klein oder dünn findest, so must du eine Schnur
oder Cordel nach Proportion einlegen.

Wann es trocken, so überschwärze das
Buch in solang und oft bis es schwarz genug ist,
sonach lasse es wieder trocknen, überfahre es etlichemal mit Eyerweiß oder Blut, welches leztere besser ist, und stempfle es hernach ab, wie
dein weises Schwein-Leder-Buch; doch mit diesem Unterschied, daß hier die Stempfel heiß,
wie bey dem Vergulden gebrauchet werden
müssen.

Von roth- und schwarzen Stöck-Büchern.

Zu Nürnberg werden vor andern Orten
die rothen Schul- und Stöck-Bücher
in Quantität verfertiget, diese kanst du auch
leicht nachmachen, wann es dir nur an Stöcken
und eisernen Pressen nicht fehlet: ich will dir
allen Vortheil zeigen, indeme ich etlichemal allda
gearbeitet habe: Im Ueberziehen siehe zu, daß
du zu rothen Büchern das feinste und weisseste
Lohe-

Lohe-rothe Leder nehmest, damit überziehe die
Bücher. Die rothe Farb wird also angesetzt:
Nehme 5. Loth rothen Firlabock, schneide es
klein, thue es in einen Hafen, welcher anderthalb Maas hält, giesse daran reines Brunnen-
Wasser, und lasse es untereinander in solange
auffsieden, bis das Drittel eingesotten ist: Hernach nehme anderthalb Loth Alaun, stosse solchen klein, wie Meel, und thue ihn also in die
vom Sudt abgehobene Farb, laß es noch einen
Wahl aufthun, seihe es von denen Spänen, und
hebe es in einem Glaß zum Gebrauch auf.

Soferne du aber deine Farb brauchen willt,
so halte dir ein klein irdenes Tiegelein, oder nehme nur ein neues Häfelein, thue die Farb darinn auffsieden lassen, und in währendem Sudt
färbe das Buch mit einem Haasen-Fuß, und
trockne es wieder an der Sonne, oder im Winter am Ofen, wohl warm; dieses Ueberfahren
wiederhole einmal oder 3. biß es roth genug ist.
Willt du aber deine Farb noch höher roth haben, so darfst du nur Safran hinein thun, so
wird es um ein ziemliches heller.

Was nun das Abdrucken der Stöcke anbelanget, wird damit also verfahren: Die rothen
Bücher überfahre einmal mit Eyerweiß, bey den
schwarzen thut es Blut; Wann es nun trocken,
so mache den Stock warm, daß er fast zischet,
alsdan drucke ihn auf; aber bey Gold- und

Sil-

Silber-Stöcken iſt nachſtehendes zu obſerviren: Feuchte dein rothes Buch 2. biß 3. mal mit gan-zen Eyerweiß an, und ſobald die Näſſe einge-trocknet, daß es nur noch ein klein wenig klebet, ſo trage das Silber oder Gold, ohne weiter Oel und dergleichen zu gebrauchen, auf, alsdann drucke es alſo kalt ab, wiſche es aber nicht gleich ab, ſondern laſſe es wenigſtens eine Stunde ſtehen, indeme ſonſten das Gold oder Silber, an denen Orten, wo es weg ſolle, klebet. Haſt du aber ſchwarze Bücher, die mit Stö-cken gedrucket werden ſollen, ſo thut Blut eben die Dienſte wie Eyerweiß, Stöcke auf Pap-pier werden ebenfalls 2. biß 3. mal mit Eyerweiß überfahren, und wann es faſt trocken, aufge-tragen und abgedrucket, ſie halten aber nicht ſo gerne, wie die Leder-Bücher, doch kanſt du dir gleich helfen: Schütte nur einen Finger-Hut voll guten Eßig unter das Eyerweiß eines Eyes, ſo haſt du nichts zu beförchten, und der Fehler iſt gehoben, dann der Eßig erhält die Feuchtig-keit, wie vornen p. 148. die Citronen bey dem Engliſchen Band. Zu dieſen Stöck-Eyerweiß darfſt du kein Waſſer thun, ſondern nur mit dem Quirl abſchlagen, und wann es ſich geſe-zet, die Bücher damit überfahren. Kanſt du aber nicht ſolang verziehen, biß das Eyerweiß ſich geſezet hat, ſo thut zwar der Geſt auch gut, doch macht er gerne weiſſe Streife.

Wann

Wann nun deine Gold- oder Silber-Stö-
cke trocken, abgewischet und fertig seyn, so wird
der Rucken und die Canten gestrichen, sobann
angepappt und eingepreßt, noch ehe sie angeschlagen werden, dann sie kommen noch sogleich
heraus. Wann nun die Bücher etliche Stunden gestanden seyn, so werden sie dann angeschlagen. In Nürnberg sind die Herren Buchbinder auf das artlichste und commodeste eingerichtet, mithin haben sie auch im Anschlagen einen artlichen Vortheil: sie haben nemlich Meiß-
selein in der Breit als der Clausur-Riemen seyn
soll, mit diesen wird auf einmal hint am Buch
etwas schreg hinein gestochen, sonach der Clau-
suren-Riemen hinein gesteckt: vornen am Hä-
ckelein hat es eben solche Meisselein, doch nach
Proportion kleiner; welche Ordnung in der
That hurtig und sehr accurat gehen muß. Wann
nun die Stöck-Bücher angeschlagen seyn, so
werden die schwarzen mit ganzen Eyerweiß (welches 2. biß 3. Monat alt ist) überfahren; sie
lassen es zu dem Ende so alt werden, daß es einen bessern Glanz bekommt, welches auch in
der That erfolget. Die Rothen hingegen,
werden zwar mit eben erstgesagten Eyerweiß
überfahren, es wird aber unter dasselbige etwas
Eyer-Dottern gethan, und mit dem Quirl ab-
geschlagen; dieses Eyerweiß erhöhet nicht nur
die rothe Farbe, sondern gibt auch einen schönen
Glanz; so viel von Nürnberger Stöck-Büchern.

Von

Von Decken zu vergulden und fär= ben, auch wie die Farben an= zusezen.

Nunmehro will in GOttes Namen auch zum Deck = Vergulden schreiten, und bey denen Pergament = Büchern den Anfang machen, zuvor aber die üblichsten Farben anzu= sezen dir aufrichtig lehren: Rothe Farb wird von Firnebock angesezt, zu dem Ende nehme ein rein Gläß, schneide darein so viel von gedach= tem Firnebock, biß das Glaß fast voll wird, darüber gieße den besten Wein=Eßig, und ist es gut, wann sowohl von der klein geschnittenen Farb, als vom Wein=Eßig das Glaß nur biß auf 2. Finger breit voll ist, damit die Farbe sie= den kan: Alsdann binde selbige mit einer Blasen oder Pergament zu; die überbundene Blasen aber zerstich mit einer Nadel wohl 20. mal, da= mit es Luft hat, und laß dich nicht irre machen, ob dir schon weiß gemachet wird, daß der beste Dunst heraus gehet. Dieses Farb=Glaß seze im Winter auf den Ofen, oder gar in das Ofen= Rohr, es mag sieden, wie es will, so thut es

dem

dem Glaß nichts, und ist nicht zu beförchten,
daß solches zerspringt. Sobald du nun siehest,
daß die Farb etwas dick worden, so thue nach
Proportion kleinen Alaun. daran, lasse es noch
eine Weile in der Wärme, und sodann hebe es
zum Gebrauch auf, merke aber wohl, daß die
Farbe nicht warm, sondern nur kalt zu gebrauchen ist.

Die blaue wird eben so gemacht, und die
Späne blau Brasilien-Späne genennet, welche
aller Orten zu bekommen sind.

Aber Grün wird von distilirten Grünspan
mit Wein-Eßig angemacht, und dieses ist unstrittig die beste grüne Pergament-Farb. Ist
sie aber zu Meergrün, so darf man nur Safran
bey dem Gebrauch darunter thun, davon wird
sie Pappengey grün.

Viele machen ihre Farben mit Kupfer und
Scheid-Wasser an, welches auch eine schöne
Farbe gibt; weilen es aber sehr ungerne trock-
net, ja gar das Pergament zerfrißt, und sich
nicht wohl darauf vergulden lässet, so wird sie
von mir billig verworfen; Hingegen wird nach-
folgende grüne Farb dir gute Dienste thun:
Nehme Kupfer-Asche, gieße daran guten Wein-
Eßig, anstatt des Alauns thue kleinen Wein-
Stein darunter, und lasse es sieden.

Du

Du wirst nun auf die Gedanken fallen, weil nichts vom Distiliren melde, ob wäre ich ein gänzlicher Feind von selbigem, zumahlen ich dasjenige mit Hize zu erzwingen suche, was andere durch langes an die Sonnen stellen heraus bringen, allein du irrest, ich habe dir nur den kurzen Weg zeigen wollen, wann man die Farb bald brauchet. Willt du aber im Sommer deine Farb ansezen, und etliche Woche in der Hize stehen lassen, ist es auch sehr gut, jedoch darf man in dem Glaß keine Oefnung lassen, weilen die Sonne solches weder zersprenget, noch in Sudt bringet.

Die gelbe Farb wird nur mit ein wenig Safran und Wein-Eßig, ohne Alaun, angesezt, sie ist in einer Viertel Stund fertig, und kommt es hiebey meistens auf die Güte des Safrans und Eßigs an.

Dieses sind nun die heut zu Tag üblichen Pergament-Farben; nun will ich zu deren Gebrauch und Färben schreiten.

Die Horn-Bände, und was in ihre Art schläget, werden überzogen gefärbet, entgegen bey denenjenigen, so wie Pergament-Bücher gemachet, und ganzfärbig werden, wird das Pergament zugeschnitten, an 4. Ecken auf ein Brett genagelt, und nur mit frischen Wasser ausgewaschen, weilen die Hrn. Pergamenter
ihr

ihr Pergament öfters mit Seifen, ja gar mit
Wachs abreiben: Würde nun ein ſolches Pergament nicht ausgewaſchen, ſo nimmt es die
Farb ſehr ungleich, oder wohl gar nicht an,
läſſet ſich auch nicht gerne vergulden, wie du
unten bey dem Vergulden ein mehrers erſehen
wirſt.

Iſt aber das Pergament von einem guten
Meiſter gefertiget worden, und du haſt gefunden, daß es die Farb annimmt, ſo kan das Aus-
waſchen unterbleiben, du kanſt es auch gleich ſehen, wann du nur mit der Zungen daran leckeſt,
dann wann es das Waſſer zuſammen ziehet,
und ſolches nicht ſtehen bleibet, ſo iſt Gefahr zu
befördchten.

Das ſchäfene Pergament barf gar nicht
ausgewaſchen werden, maſſen es gleich rauh
wird. So du aber dich des Auswaſchens bedienen müſſen, ſo laſſe es trock'nen, und über-
färbe das Pergament hübſch gleich. Willt du
aber die Farb hoch roth haben, ſo darf nur
Safran darunter gethan, und miteinander geweichet werden, welcher die Farb ungemein er-
höher; aber mit der blauen Farb muß zugeſehen
werden, daß ſolche gleich und auf einmal gefärbet, dann ſie ſonſten gerne zu ſchwarz wird.

Grün wird ſelten ein Buch gefärbet, will
aber doch jemand eine ſolche Farbe haben, ſo
wird

wird anstatt du das Pergament grün färbest,
nur mehr grün Pergament genommen.

Gelb und darauf versilbert, stehet auch gut,
und wird die Farb, wie erst erwehnet, nur mit
Safran und Wein-Eßig gemachet, ohne Alaun
darzu zu gebrauchen. Es färben zwar die Pergamenter auch allerhand Pergament, allein
wann solches mit Oel gefärbet worden, lässet es
sich nicht vergulden, oder doch sehr schwer; treibet dich aber ja die Curiosität oder Noth, daß
du dergleichen vergulden willt, oder sollst, so
überfahre es etlichemal mit dem am Ende gemeldten weissen Fürniß, und hernach 3. oder 4.
mal mit dem p. 134. erwehnten Eyerweiß, alsdann trage mit wenig Oel auf; im Abstempfeln aber müssen die Stempfel ganz laulicht
genommen werden.

Vom Einmachen, Vergulden und Abstempfeln der gefärbten Pergament-Bücher.

Nachdeme nun dein Pergament gefärbet
und trocken ist, so füttere es mit einem
guten und nicht allzudünnen Stärk-Kleister,
indeme

indeme mit Leim zu füttern nicht allemal rath-
sam ist, weilen selbiger gerne durchschläget.
Biß nun das Pergament trocken, schlage in-
zwischen ein Eyerweiß, und nehme zu einem Ey
ein Drittheil Wasser, und einer Erbis oder
halben Bohnen groß Salz, lasse es nach dem
Abquirlen sezen, alsdann brich den Rucken wie
ein ander Pergament-Buch auch, bemerke aber
wohl, wie hoch solcher ist, welches am fuglich-
sten geschehen kan, wann das Buch in das
Pergament gleich eingeleget wird, damit die
Fälse des Pergaments auf die Fälse des Buchs
wohl zutreffen; hernach umfahre das Pergament an denen Canten des Buchs mit einem
Falsbein, und brich darnach die Höhe des
Ruckens.

Willt du nun den Rucken wie einen Franzband abdrucken, so mache die Abtheilung auf 4.
5. oder mehr Bünde, und nach Beschaffenheit
des Buchs grizle oder streiche mit einem Circul,
der nicht allzuscharf ist, am Rucken die Bünde
nur mit einem Strich ein. Ueber die Länge
kanst du auch einen subtilen Strich in der Mitten thun, damit die Mittel-Stempfel accurat
darnach gesezet werden können; jedoch wann das
Buch einen Titul bekommt, darf man das Titul-Feld mit dem Strich nicht bezeichnen.

Nach dem Abzeichnen überfahre den Rucken
2. biß 3. mal mit Eyerweiß, jedesmals aber muß
er vorhero und sonderheitlich das leztere mal
recht

recht und wohl trocken seyn, daß keine Feuchtigkeit mehr daran zu verspühren ist: Hernach überfahre solchen ganz dünn mit Baumöl, und trage mit feinem- oder Zwisch-Gold, welch lezteres am gewöhnlichsten ist.

Was das Abdrucken anbelanget, habe ich dieses zu erinnern, daß die Stempfel nicht allzuheiß seyn, sondern nur ein wenig zischen dörfen, doch bey trocknem und warmem Wetter, und wann eine Quantität zu vergulden ist, muß der Stempfel etwas wärmer genommen werden, wie schon weitläuftiger suprà p. 138. vom Vergulden gesprochen habe. Die Art und Proportion eines Französischen Rucken habe Tab. 6. Fig. A. anzeigen wollen.

Der Titul eines solchen Buchs wird verfertigt, wie ein anderer auch; soferne aber in Ermanglung der Alphabete du solchen mit Schrift abdrucken willt, so mußt du ein darzu gemachtes rundes Holz haben, über welches das Pergamant geleget und abgedrucket wird.

Noch mehrere Rucken sind üblich, deren ein paar Gattung ich auf erstgesagter Tab. nicht allein mit Fig. B. und C. entworfen. 2. Anderer und grösserer Gattung aber auf Tab. 7. vorgestellet und abgedrucket zu ersehen sind, wornach leicht eine Mutation vorgenommen werden kan, wann dir ein anderes Format unter die Hände kom-

kommet. Wie vor dem Anfeuchten die Abtheilung zu machen, habe mit Puncten angezeiget Tab. 7. Fig. D. Die Frantz-Fillete lassen etwas breit über das Capital-Fälslein oben und unten hinüber gehen, damit über dem Bestechen auch Gold sich zeiget. Nach dem Abbrucken reisse das Capital an der Decke weg, und die Flügelein davon schneide schreg, auch am Fals etwas von dem Pappendeckel, Spän oder Brett weg, damit es sich oben und unten wohl schliessen möge, leime das Pergament auf die Decke hübsch gleich auf, und presse es ein wenig ein, biß du meinest, es habe der Leim angezogen.

Wann es aus der Preß ist, so umfahte an denen Canten das Pergament mit Wasser, biß das Futter-Pappier erweichet ist, sodann schabe es weg, und mache das Pergament-Buch ein, wie ein anderes auch, gib dem über die Canten gebogenen Pergament etwas Leim, und presse es ein wenig ein, lasse es aber nicht lange in der Preß stehen, dann sonsten klebet sich das Vorsez-Pappier an, daß man es nicht gantz mehr losbringen kan.

Nach diesem Einschlagen muß das Buch wieder eine Weile liegen, biß es trocken wird, dann es sich sonsten nicht vergulden lässet. Uebrigens wird die Decke, wie der Rucken auch 2. biß 3. mal mit dem vorgemeldten Eyerweiß angefeuchtet, und nachdeme es trocken aufgetragen, auch

meis

meistens mit Schnecken, Stöcken oder Scher-
wenzeln abgedrucket, wovon zweyerley Façons
in Kupfer gesezet habe Tab. 8. und 9. Vor
dem Aufeuchten must du die Mitten suchen, und
mit einem Creuz bezeichnen, weilen nach diesem
der Aufdruck accurat in die Mitten gebracht
wird. Die Absäze werden nicht abgezeichnet,
sondern im Vergulden mit der Fillete in gleicher
Weite ausgezieret, wie aus Tab. 8. klar zu
ersehen.

Damit du auch, wann du ungeübet bist,
die Ordnung im Aufdrucken wissen kanst, so
fange bey dem Rucken Tab. 7. mit der Spiz-
Fillete, oder andern Filleten, neben Lit. A. an,
und fasse den Rucken ein, das übrige Gold,
was gegen die Decke siehet, wische vorsichtig
weg, damit die Fillete rein stehet, alsdann fasse
mit der Fillete oben und unten den Rucken ein,
Lit. B. Die Franz Fillete habe wegen Kleine
des Kupfers weglassen müssen; auch kan noch
ein klein Absäzlein oder mit der Schlangen oder
andern Filleten über dem Rucken ein Vice-
Band verguldt werden, nach deiner Phantasie,
wie es dir beliebet, nur nimm dich in obacht,
daß alles gleich zu stehen kommt.

Vom

✕✕ ✕✕ ✕✕ ✕✕ I:I ✕✕ ✕✕ ✕✕ ✕✕

Vom Vergulden der Decken nach gemeiner Art.

Nun will ich auch zeigen, wie die Decken abzustempfeln, zuvor aber berichten, daß wann du ein Meergrünes Pergament zu vergulden hast, es nicht sogleich wie ein anderes Pergament hält, sondern vorhero wohl geleinitränket werden muß. Bey denen Decken zu vergulden fange an erstlich Fig. 8. Lit. A. die Einfassung mit der Punctir-Fillete, und Spiz-Rolle oder Fillete, was du hast, alsdann wieder die Punctur-Fillete, den Absaz Lit. B. ein Strich-Fillete, woran wieder ein Punctir-Fillete, dann die übrigen Stempfel; und wird dir deine gesunde Vernunft zeigen, daß alle andere Decken, die dir unter Augen kommen also abgedrucket werden müssen. Dieses ist nun die gemeineste Art von Rucken und Decken zu vergulden, die künstlichsten aber sind unstrittig die krummen Filleten-Risse, welche zu machen, ich hiemit auf das geschwindeste und leichteste communiciren will.

Von

✠

Von krummen Filleten-Rissen.

Der Anfang ist ein Stern-Riß, damit verfahre also: theile das Buch oder Decke in 4. Theile, nach Tab. 10. Fig. A. in der Mitten umziehe ganz wenig, nur daß du es sehen kanst. Den Creuz-Strich, nach Fig. B. welcher ebenermassen ganz klein, und dir nur den Weg zeigen muß, wie und wo du die Mitten treffen kanst, alsdann stich die beede hohe- und Neben-Spizen ab, Fig. C. durchstreiche mit einem etwas stumpfen Circul von einer Spize zur andern den subtilen Riß, damit dieser wohl zu sehen seyn möge, hernach mache wieder eine Abtheilung zwischen das Creuz Fig. D. Die Länge der Neben-Spizen ziehe herum Fig. E. sodann durchstreiche solche ebenermassen wohl, mache wieder eine Abtheilung zwischen alle Spizen, durchstreiche solche biß zum mittlern Ring durchs Creuz. Von diesem Creuz formire die Spizen, und alsdann ist er fertig, und habe ich etliche Arten hier beydrucken lassen.

Wann er nun fertig, so wird eine Seite schwarz, und die andere mit Silber ausgelegt, wel-

welches sehr gut stehet; auf eine fast gleiche Art
habe eine Rose bezeichnet. Ich habe auf dem
Kupfer des grossen Sterns etliche Spizen un-
ausgemacht stehen lassen, ingleichen etliche schat-
tirt, damit ein Anfänger ersehen kan, wie die
Ausfertigung nach der Ordnung geschiehet, ingleichen wo es schattiret, der ganze einseitige
Stern mit Silber, dann die andere Seite
schwarz gemacht werden muß, wie gleich erst
gesagt habe; die andern an den Ecken in klein
entworfnen Stern, können nach deinem Belieben und nach Beschaffenheit deiner Arbeit
vergrössert werden.

Wie aber die schwarze Farbe, nebst dem
Silber anzumachen, will dir gleich zeigen: Nehme nur einen Finger-Hut voll Eisen-Schwärz,
darunter thue so viel blaue Farb, und brauche solche gleich, und wann es trocken, so überfahre es 2.
biß 3. mal mit Eyerweiß, und vergulde mit der Fillete, und so du denen Strichen nachfährest, welche
durch das Gold scheinen, kanst du nicht fehlen,
und kommt das Silber erst nach dem Vergulden
darauf, welches Mahl-Silber genennet wird,
und in Nürnberg bey denen Goldschlagern jederzeit zu haben ist, wie man dann auch um 7 kr.
eine ziemliche Portion bekommet; solches wird
mit dünnen Gummi-Arabici-Wasser angemachet:
will man es aber glänzend haben; so nehme nur
Gummi-Tragant-Wasser, mache das Silber

Buchb. I. Theil.   M   damit

damit an, es lässet sich auf das beste glätten.
Die Neben-Einfassungen mache nach Belieben;
doch ist dieser Stern-Riß auf das rothe Pergament gemeinet, oder du must die schwarze Farb
etlichemal überstreichen. Schwarz und Silber
stehet auch nirgend besser als auf roth. Nun
schreite zum Filleten-Riß selbst.

Ein einfacher Riß, welcher in der Mitte ein
ganzes, oben und unten aber 2. halbe Felder hat,
wird also aufgerissen, wie Tab. 11. zeiget: reise den Absaz oder die Einfassung in gleicher Breite ab, theile die Länge in 4. Theile ein, und in
der Mitten mache einen Durchschnitt, aber bey
all diesen Eintheilungen müssen die Striche so
subtil als möglich seyn; zu dem Ende habe ich
es nur mit Puncten entworfen, wo aber der
Circul zu stehen kommen soll, habe mit einem grossen Puncto bezeichnet: darauf nehme den Circul,
seze eine Spize in den grossen Puncten, und fahre
von Bogen P. A. zu B. oben und unten, alsdann
drehe das Buch um, mache den Circul weiter,
und reise mit demselben C. D. daß so viel Spatium bleibt, als der Riß des Laufes breit seyn
muß E., darauf mache die übrigen runde Bögen. Ist der Bogen-Riß fertig, so ziehe die
Linia H. und I. Da hat es nichts zu sagen, ob
sie schon etwas kürzer oder länger werden, endlich mache Lin. K. nach dem Linial. Du darfst
daß erstgesagte Linial nicht allezeit wegthun, sondern von einem Bogen-Riß zum andern bestrei-
chen,

chen, und solches macht den Riß fertig; dieses ist nun der einfache Riß, welchen ich nur an einer Seite ausgemacht, damit du desto ehender mich verstehest, auch habe die Farben angezeigt, welche nach deinen Belieben verändert werden können.

Nach diesem werden alle andere gemacht, nur daß einige mit mehrern Brüchen und halben auch ganzen Circuln ausgefertiget werden, wie am doppelten Tab. 12. zu ersehen ist. Die Abtheilung geschiehet 4. mal in der Länge, und so oft in der Breite. Siehe die Puncta in Lit. A. Tab. 12. dahero wird der Anfang mit völligem Circul gemacht. Dann mache alle Circul, wie erst oben gezeiget Lit. B. alsdann mache die Seiten-Striche, gib aber ja wohl acht, daß ein Strich wird wie der andere, von gleicher Weite. Die Farben habe Fig. 13. nach der Wappenkunst mit Strichen bezeichnet, nemlichen die Striche grad herunter bedeuten roth, die über die Quer zeigt blau an, die von rechter gegen linker Hand aber grün, die Lauffe aber bleiben weiß, doch bleibt die Veränderung ungewehret.

Biß dahero aber ist die Rede von regulären Rissen gewest, damit du aber mehrere Einsicht in dieser Sache bekommen möchtest, so habe dir auch einen irregulären hersetzen wollen, Fig. 16. die Abtheilung wird gemacht nach Anzeig der Puncten, die Farben aber können nach deinem

M 2   Belie-

Belieben angelegt werden; mit der Abstem=
pflung aber kommt es auf dein Belieben und
Stempfel an; doch habe eine Art nach meiner
Façon und Stempfeln dir offeriren und in Fig.
17. beysezen wollen, und sofort. Wie aber
endlich solche Risse verguldet werden, habe hier=
mit in Tab. 14. und 15. zeigen wollen.

Tab. 14. habe mit Fleiß etwas unförmlich
einen Riß genommen, indeme er, was die Fel=
der anbelanget, als Mittel= und Ober=Feld,
breiter als lang sind; es ist aber zu dem Ende
geschehen, damit du bey vorfallender Unförm=
lichkeit eines Formats ersehen kanst, wie die Ab=
stempflung vorzunehmen. So viel dir nun Riß
unter die Hand kommen, welche du nachmachen
willt, darfst du nur auf die Abtheilung sehen,
weilen das übrige sich gar leicht von selbsten
giebet.

Sollte dir aber ein Buch mit einem wohl=
gemachten Riß unter die Hand kommen, du
hast aber nicht Zeit ihn abzureissen, so nehme
nur ein Stück weises Pappier, so groß die De=
cke des Buches ist, und überfahre solches, wann
es über die Deck gelegt ist wohl, ja über und
über mit einem Bleysteften oder Lösch=Bley, so
werden sich die Stempfel samt dem Riß ziem=
lich kennbar weisen, daß du mit Gelegenheit es
abzeichnen und in Richtigkeit bringen kanst.

Noch

Noch eines habe bey krummen Filleten-Rissen zu erinnern, nemlich daß die Farben sich gerne ziehen, absonderlich die vornen bey dem Stern gewiesene schwarze, wie auch die rothe: Diesem vorzukommen, reibe das Buch mit einem reinen Lappen, oder nur mit dem Vor-Tuch oder Schurzfleck wohl ab, wann zuvor die Farben wohl trocken sind, damit das obere von der Farb, welches ohnehin als ein todter Faum, der keine Kraft hat, anzusehen, darauf weg-kommt; im Anfeuchten aber mache den Schwam-men nicht gar voll Eyerweiß, und überfahre den Rucken oder die Decke so geschwind als mög-lich, du must aber wohl acht haben, daß du mit dem nassen Schwammen einen Ort nicht 2. mal überfährest, dann sonsten die Farb sich ziehet, und dasjenige, so weiß geblieben, unrein wird. Wasche den Schwammen jedesmal nach dem Ueberfahren wieder aus, damit, wann er ja etwas Farb vom Buch angenommen, er wieder rein wird. Eine Anfeuchtung muß wohl trocken seyn, ehe das Buch mit der andern an-gestrichen wird.

Wann nun der Riß vom Anfeuchten tro-cken, so wird er mit ein wenig Baumöl, aber ja nicht allzufett, aufgetragen, da dann der Riß ganz deutlich auf dem Gold zu ersehen, mithin leicht mit denen krummen Filleten darnach zu vergulden ist.

Bey

Bey Abſtämpflung der Bücher in krummen
Filleten-Riſſen, wird mit der Neben-Einfaſſung
der Anfang gemachet, nach dem Einfaſſen der
Riß abgedrucket, und wo ſich ſelbiger übereinander ſchlinget, ziehe nur die Fillete von der
rechten Hand des Riſſes gegen die linke, ſo
wirſt du nicht fehlen können.

Hieraus nun wirſt du hoffentlich ſo viel be-
griffen haben, daß du im Vergulden nicht fehlen kanſt, doch aber könnte es ſeyn, daß du,
wie die Schnecken geſezet werden ſollen, noch
keine richtige Nachricht hätteſt: Dahero wiſſe,
daß alle Schnecken dicht angeſezet werden, und
wie ein Gewächs ſtehen müſſen; Ich habe zu
dem Ende etliche in Filleten-Riſſen ſelbſt, als
auch einen mit Punctir-Stempfel Tab. 9. bey-
gedrucket.

Scherwenzel ſind nicht viel mehr üblich, wo
ſie aber ja noch gebrauchet werden, ſo wird einer verkehrt, und der andere rechts gedrucket.

Es gibt aber auſſer dieſen noch verſchiedene
Art Decken, wovon hiermit Nachricht folget,
wie ſolche zu verfertigen: Als der Lauf neben
herum roth oder blau, innen aber allerhand
Mahl-Blumen. Dieſe Bände anzufeuchten iſt
am beſten daß du dir 2. Schwammen hältſt,
nemlich den einen zum Rothen, und den andern
zum Weiſen, und nach dem Vergulden werden
die

die Blumen ausgemahlet. Es werden aber diese Decken, nachdeme einer Stempfel hat, auf
vielerley Art gesezet, und ich habe eine einige
Gattung in Kupfer Tab. 18. hie beygedruckt,
mittheilen wollen, wornach du dich bey andern
auch richten kanst, dann wann ich alle Arten,
die mir wissend sind, in Kupfer bringen sollte,
würde dir dieses Buch zu theuer kommen, weil
die Kupfer viel Geld kosten: indessen habe dir
doch so viel gewiesen, daß du in allerhand vorfallender Arbeit dir helfen kanst, damit dein
Thun und Mühe eine Art hat.

Ich bin aber, wann dieses Buch abgehet,
woran nicht zweifle, und GOtt mir Leben und
Gesundheit verleyhet, entschlossen, künftig noch
einen 2ten Theil herauszugeben, in welchem
sowohlen wegen der Kupfer, als andern, worinnen dermahlen zu wenig gethan, mit mehrern
aufwarten werde. In specie werde den gemeldten und versprochenen 2ten Theil mit mehrern
Kupfern begleiten, sowohlen wie grössere Bände
nach allerley Art sowohlen zu vergulden, als
abzustempfeln sind. Nach dem völligen Vergulden der Decken nehme den Schwammen und
feuchte die Canten ein oder 3. mal an. Wann
das lezte mal das Eyerweiß trocken, so überfahre solche mit ein wenig Oel, trage sie mit
Gold auf, und stempfle sie ab mit der breiten
Franz-Fillete, da habe wohl acht, daß gemeldte Fillete wohl ausgedruckt wird, angesehen es
sehr

sehr übel zu verbessern, in soferne es nicht hält, dann wann man nochmahlen es auftragen und abdrucken will, wird die Fillete gerne duplirt, welches sehr übel stehet.

Decken von Schildkrot = Art zu machen.

Schwarz auf roth stehet zwar auch gut, wann grose Flecken, wie Schildkrot gemacht werden, aber nachstehende Schild=kroten=Decke übertrift bey weitem obige Art, und wird also gemacht: Färbe zu deinem Buch ein Stück Pergament hübsch roth, schwär=ze es mit der pag. 175. gesagten Schwärz, und wann es trocken, nehme eine Citronen, mit dessen Marck und Safft mache Flecken, wie die Schildkroten haben, und neben herum ver=gulde Deck und Rucken nach Belieben und Grösse deines Buchs.

Mercke aber wohl, daß in soferne deine Ci=tronen zu starck, und die Farb etwas jung oder gar za alt, daß solche nicht allein zuweilen das schwarze ja gar die rothe Farb hebet, da darff nur ein wenig Wasser unter den Citronen=Safft genommen werden, damit die Schärffe etwas gemäs=

gemäßiget wird, und dann kanst es machen, nach
deinen Willen, wie es dir beliebet.

Marmorirte und mit Wachs ge=
sprengte Decken zu machen.

Es werden auch die Bücher mit allerhand
Farben untereinander verfertiget, allein
die mit Wachs gesprengte haben in dieser
Sorte vor allen den Vorzug, und werden
dergestalten verfertiget: Lasse weisses Wachs
zergehen, und melire darunter mehr als noch
so viel reines Unschlit, mit diesem sprenge,
wo ich dir gleich Anweisung geben will: Nach
geschehener Fütterung, und wann es trocken,
brich den Rucken, umstreiche die Canten,
und zeichne die Breite des Absazes ab, solchen
Absaz färbe roth oder vorhero gelb, alsdann
übersprenge ermeldten Absaz hübsch gleich mit
dem miscirten Wachs, soweit solcher gehet, fär=
be auf das Gelbe roth, und wann es trocken,
schabe das Wachs mit einem etwas rauhen Lap=
pen biß nichts mehr vom Wachs gerochen wird,
alsdann werden die gelben Flecken auf das an=
genehmste unter denen rothen erscheinen. Willt
du aber weisse Flecken unter denen rothen haben,

M 5 so

so sprenge nur auf das pure Pergament: Sprenge du aber auf das Rothe, so ziehe darauf Schwärz, oder färbe es schwarz. Bunde Farb untereinander wird also gemacht: Färbe den Absaz hübsch roth, nehme gelbe Beiz-Farbe; und sprenge ganz dünn, und wenig in die weiß gebliebene Seiten, und wann es trocken, so übersprenge den Rucken und ganze Decken mit Wachs, aber ja nicht gar zu dick, damit die Farben haften können, auf- oder vielmehr neben denen Farben mache Flecken etwas dicht aneinander von rother Pergament-Farbe, in der Grösse wie eine Erbis oder halbe Bohnen, und dergleichen, und sobald die rothe Farb trocken, so umfahre, wo neben dem Rothen es weiß geblieben, und keine Farbe hingekommen, mit blauer Farb überall, dicht an das Rothe, und nachdeme es trocken, streiche und reibe die Decke ab, wie oben gesagt, fasse ein, und vergulde den Rucken oben und unten nach Belieben, darauf mache das Buch ein, und vergulde neben herum, auf das Rothe, so wird es sehr gut aussehen. Bey dem Anfeuchten zum Vergulden habe wohl acht, daß du nicht mit dem Schwammen auf das Fleckigte kommen mögest, indeme es sich ziehen dörfte.

Nun verhoffe zur Genüge gesagt zu haben, wie du deine Bücher färben und vergulden kanst, wann du nur nach vorgeschriebener Art verfähreſt, so kanst du nicht fehlen; indessen aber kan
zu

zu entdecken nicht unterlaßen, was mir einmal
vor ein fataler Streich arriviret, damit du dich
beßer in obacht nehmen kanst.

Fatal= und besonderer Casus im Vergulden auf Pergament.

Anno 1732. im Früh=Jahr habe vor ei=
nen Hoch=Adel. Herrn Geheimden Rath
allhier 4. lange Duodez bekommen, mit dem
Befehl, solche in saubere Filleten=Riße ein=
zubinden, und selbige in anderthalb Tagen zu
verfertigen. Weilen nun die Bücher von
Post=Pappier gewesen, so habe mir wenig Be=
denken gemachet, solche in gemeldter Zeit zu
versprechen; ich machte nun die Bücher fertig
biß zum Einmachen, zeichnete also Rucken und
Deck, wider meine sonst habende Art ab, in=
deme gewohnet bin den Rucken erstlich zu färben
und abzustempfeln, nach dem Einmachen aber
erst die Decken färbe und vergulde, dißmal
aber um die Zeit zu menagiren Rucken und De=
cken auf einmal abzeichnete und färbete selbige,
feuchtete die Rucken an, trug solche auf, und
fienge an abzustempfeln, aber wie erstaunte
ich nicht, da mir das Gold an Fillete und
Stem=

Stempfeln hangen blieb, auf dem Pergament
aber nichts wenigers als ein Stempfel hielte.
Nun hat sich das Pergament auf das säuberste
färben lassen, dahero gar keine Raison gewust
hätte, wann mir nicht eingefallen wäre, daß das
Pergament nicht vorhero ausgewaschen worden.
Dieses ist eben eine Gattung Pergament gewesen, wovon supra p. 168. gemeldet habe, worauf
zwar dasselbe mit der Farb abgewaschen, allein
weil solche sich nothwendig ziehen müssen; So
habe damahlen eine Arbeit gemacht, deren ich
mich noch diese Stunde schäme, doch hat es sich
nach dem Auswaschen vergulden lassen; es sind
aber nicht alle Pergament mit dieser Ehlen aus-
zumessen, sondern viele ohne Auswaschen gut.
Mit was aber dieses üble Pergament abgerieben worden, habe noch nicht ausfündig machen
können, ja es kommt mir noch beständig bedenk-
lich vor, daß es ohne Hinderung die Farb angenommen, welches doch sonsten nicht geschiehet.

Ehe nun die rothe Beiz-Farb verlasse, habe
noch dieses zu erinnern, daß bey dem Perga-
ment-Titul-Färben oft die Farb abläuft,
oder sich sonsten durch ungeschickte oder vielmehr unvorsichtige Buchbinder Flecken ereignen: Willt du nun solche heraus haben, so
darfst du nur die Flecken benezen, und einen
brennenden Schwefel unter solche halten, so wird
der Flecken als ein Bliz weg seyn. Es muß
aber der Titul schon gefürnist und trocken seyn,
dann sonsten den der Schwefel auch angreifet,

uud

und die Farbe heraus ziehet, auch von Schwefel das Zwisch-Gold übel anlauft, welches alles verhütet wird, wann gesagter massen der
Titul zuvor gefürnißt und von selbigen trocken
worden. So viel vom Vergulden und Färben
des Pergaments; Anjetzo will auch noch etwas
von Leder-Bänden anführen, und den Anfang
vom Cortuan-Vergulden machen.

Vom Vergulden des Cortuans,

Savians, Schwein-Leders und

dergleichen.

Dieser Cortuan wird nur einmal oder 3. mit
dem p. 134. gesagten Eyerweiß überfahren, und wie ein anderes Buch auch, mit ein
wenig Baumöl aufgetragen.

Aber Savian wird vorhers geleimtränket,
und folgendermassen damit verfahren: Nehme
ein wenig Hausen-Blasen, schlage solche mit einem Hammer sehr wohl ab, daß sie wie eine
Feder wird, dann sie sonsten nicht zergehet; solche siede gelind im Brunnen-Wasser, biß ein
Leim-Trank daraus wird, mit solchem wird der
Savian überfahren, alsdann ein paar mal mit
Eyer-

Eyerweiß, und ein wenig Speck-Schwarten
angefeuchtet, und sodann aufgetragen. Etliche
nehmen Mandel-Oel darzu, so auch sehr gut
ist; doch wo der Leim-Trank nur nicht zu dünn
ist, macht das andere Oel auch nicht schwarz,
hingegen wann auf weisses Schwein-Leder zu
vergulden, wird ein dünnes Eyerweiß genommen, nemlich so viel Wasser als Eyerweiß, und
das Schwein-Leder 3. bis 4. mal angefeuchtet,
mit etwas Baumöl dünn aufgetragen, und sofort verguldet.

Roth Kalb-Leder wird angefeuchtet und aufgetragen, wie Savian.

Weilen nun wieder an den Savian geden-
ke, so fällt mir ein, daß als Anno 1724. um
Jacobi in Solothurn gearbeitet, ich einen wun-
derlichen Savian verguldet habe: Es ist nemlich eine Prinzessin von Hessen-Rheinfels durch
gemeldtes Solothurn gereiset, welche, so mir
recht ist, eine Braut des Herzogs von Savoyen
oder Königs von Sardinien gewesen, da brach-
ten zu meinem Herrn die HERREN Jesuiten
einen Kiefer eines mir entfallenen Heiligen, und
dingeten ein mit rothem Damast ausgefüttertes
Kästlein mit Savian, und fein verguldet, darüber an, um solches hochgedachter Prinzessin zu
verehren: Solche Arbeit nun übergab mir mein
Herr, ich machte sie fertig, feuchtete an, trug
auf, stempfelte ab; Da aber die ober Seiten

ten abwischen wollte, so blieb alles Gold hängen, und gienge nichts mehr herunter. Du
wirst nun denken, ich hätte das Kästlein allzu
naß, oder gar in der Feuchtung, ohne ein Fett
aufgetragen, ich versichere aber, daß es nicht
geschehen, weilen die übrigen 5. Seiten eben
diese Untugend gehabt, ich auch als ein Gesell
vorhero und nachgehends Savian-Arbeit genug verfertiget.

Ueber diesen mir noch nie arrivirten curiosen
Casum habe ich mich höchstens verwundert, dahero s. v. Urin genommen, und dasjenige, was
nicht halten sollen, ohne das es dem Gold oder
Savian einigen Schaden gethan, weggewa-
schen. Bey denen übrigen Seiten ist es eben
so geschehen, da doch Hiz um Jacobi genug
war, mithin muß der Savian die unartige
Schuld gehabt haben. In was es aber bestan-
den, judicire selbst. Ich hege zwar darüber
verschiedene Sentiments, weiß aber keine Richtigkeit davon anzuzeigen. In soferne du eine
ganze Decke in Cortuan vergulden sollst, aber
in Sorgen stehest, er sey was spröd, so darfst
du keck, nach Art des Savians, gründen, es
wird bestens gut thun.

Von

Von Chagrin-Bänden.

Ich komme nun weiter auf das Chagrin-Ueberziehen, solcher bestehet in guten und dem so bekannten Schafhäußischen; dieser leztere muß in aller Vorsichtigkeit überzogen werden, dann er sich sonsten ausziehet, welches aber bey dem guten nicht zu befürchten ist. Etliche schwärzen ihn mit bloser Dinten, welches zwar sehr gut thut, doch ist eine gute Schwärze auch nicht zu verachten. Ebenermaßen gehet es mit dem Ueberziehen her, indeme einer pur Kleister, andere aber Leim nehmen, ich lasse jedem seine Art mache es aber also: Den Chagrin feuchte ich mit purem Wasser an, lege solchen an die Sonnen oder im Winter an den Ofen, ja ich halte ihn gar über ein Kohl-Feuer, damit Nässe und Hize den Chagrin ein wenig erweichen, alsdann überziehe ich ihn mit Leim, halte aber solchem im Ueberziehen zuweilen über die Kohlen, damit sich der Leim anziehet, hernach schnüre ich das Buch, und wann es trocken, so bürste es mit Zwiebel-Saft wohl ab, biß es glänzend wird. Ich habe auch am Ende einen admirablen Firniß darüber gezeiget.

Von

Von Linien zu vergulden.

Von dem an so vielen Orten üblichen Li-
nien-Vergulden muß euch erwehnen,
zumahlen es manchem auch vielen Verdruß
caußiret: Das Buch wird 2. biß 3. mal mit
dem pag. 134. gedachten Eyerweiß angefeuchtet, die Linien aber, ehe es vom Anfeuchten
ganz oder völlig trocken, mit Linien verguldet, und wie die Stöcke in solcher Feuchtung
abgedruckt, dann nach dem Vergulden eine
Stunde stehen gelassen, ehe es abgewischet wird.

Vom Taffet, Atlas und Damast
zu überziehen und vergulden.

Zum Beschluß der Bücher will dir auch
die Verguldung des Taffets, Atlas
oder Damasts zeigen, zuvor aber expliciren,
wie dergleichen überzogen werden: Disputa-
Buchb. I, Theil.   N   tiones,

tiones, Epigrammata, Opern, ja auch muſi-
caliſche Concerta und Carmina vor groſſe Hrn.
werden zuweilen in Taffet und dergleichen gebunden. Iſt nun derſelbe dünn, ſo iſt er meh-
rerer Gefahr des Durchſchlagens unterworfen,
als der dicke, zu dem Ende bereite dir einen reinen Leim, welcher von aller Haut geſäubert iſt,
und im Aufſtreichen hübſch gleich ſich ſtreichen
läſſet; er muß aber ehender etwas dick als dünn
ſeyn, laß ihn ein wenig verrauchen, damit er
nicht mehr allzuwarm iſt, indeme die Hiz gerne
durchſchläget : alsdann füttere den Taffet mit
Pappier, ſtreiche das Pappier hübſch gleich an,
und überziehe ſolchen. Es wird aber die Preſſe
ja nicht ehender gebrauchet, als biß man vorhero gewiß verſichert, daß der Leim trocken iſt.

Iſt aber der Ueberzug von Damaſt, oder
Sammet, ſo iſt die Gefahr nicht ſo groß, man
darf es auch nicht füttern, ſondern nur mit
Leim den Rucken und beede Decken überſtrei-
chen, und ſonach den Damaſt oder Sammet
darauf legen, und etwas gelind herüber ziehen:
mache das Buch alsdann zu, damit man ſehen
kan, ob der Damaſt oder Sammet die Decken nicht zuruck ziehet, oder gar nicht zumachen
läſſet, dann wann dergleichen paßiret, ſo muß
eine Decke wieder aufgemachet werden. Iſt
aber alles recht, ſo werden die Ecken wegge-
ſchnitten, wie in Cortuan-Büchern die Flügel
angeſchnüret und eingeſchlagen.

Im

Im übrigen kan sich jeder leicht einbilden, daß man mit dergleichen Arbeit sauber umgehen muß, indeme die Leim und andere Flecken sehr übel heraus zu bringen sind.

Den Sammet muß man vor dem Anpappen mit einem heissen Glätt-Kolben etwas nieder glätten, wo das Vorsez-Pappier angeleimet wird, dann es sonsten eine disforme Höhe gibt.

Anstatt des Vorsez-Pappiers wird auch zuweilen Taffet, ja gar Gold- und Silber-Drap-d'Or vor hohe Standes-Personen genommen, und nur nach Art des Taffets, wie erst gesagt, gefüttert, und wohl getrocknet, alsdann wie ein anderes Vorsez-Pappier auch eingeheftet. Es werden solche Bände auch zuweilen mit golden- oder silbernen Dressen oder Spizen verbrehmet; Diese werden nur mit etwas dicken Leim angestrichen und aufgeleimet, hernach mit einem warmen Glätt-Kolben darüber gefahren, so hält es auf das beste.

Willt du aber auf Taffet und dergleichen gar vergulden, so gehet es zwar auch an, aber es leidet keine Anfeuchtung, dahero verfahre an dessen statt also: Zerstosse reinen Mastix oder nur Santrach ganz klein, wie Meel, thue solchen in ein Tüchlein, daß du damit stauben kanst, alsdann füttere oder überziehe den Taffet rc. lasse ihn eine kleine Weile liegen, sodann

über-

überſtäube ſolchen mit dem obgemeldten Tüchlein, daß es überall gleich liegt, hernach trage
auf, und ſtempfle aber nicht allzu warm ab.

In Straßburg habe die Chagrin-Bände
mit dergleichen Taffet ausgeziert geſehen, welches ſehr wohl geſtanden.

Von Sammet wird auch zuweilen etwas
verguldet. Nachdeme aber gefunden, daß ſolcher damit mehr geſchändet als gezieret wird,
ſo rathe dergleichen Bücher lieber ſtücken zu laſſen: Soll es aber ja verguldet ſeyn, ſo nehme
den Stempfel recht warm, drücke ihn ſo blind
ab, alsdann überſtäube ihn wie den Taffet,
oder nimm anſtatt des Maſtix oder Santrachs
nur kleines Siegellack, du darfſt auch, wann
der Sammet niedergebrennet iſt, nur mit ſtarkem Eyerweiß mit einem Penſelein es ein paar
mal überfahren, ſodann mit dem nicht allzu
warmen Stempfel das Gold aufheben, und
vergulden.

Ich bin zwar Sinnes geweſen, allhier von
Büchern zu ſchlieſſen, allein, da mir noch eine
Art von ſolchen einfället, ſo kan nicht unterlaſ-
ſen, dieſe Sorte auch hieher zu ſezen.

Von

Von geſchnürten Bänden.

Es ſind nemlich die groſſen Kauf-Regiſter mit gleichen Rucken, welche man insgemein die gleich geſchnürte Bände nennet, und unſtrittig die dauerhafteſten und ſtärkeſten Bände, die zu machen ſind, welche einen Buchbinder nicht wenig ermüden, und alſo verfertiget werden: Weilen es meiſtens groſſe Regal-Folia ſind, wird ein ſolches Buch auf 5. Bünde geheftet, jeder ſolcher Bund hat die Breite über einen Finger, und wird darzu mehrentheils das ſtärkeſte Schwein-Leder, und zwar in der Mitten doppelt genommen, zwiſchen ſolches ein dünnes Streiflein von einem Octav-Brett in der Breite gethan, als die Riemen ſind, ſodann mit dünnen Bundfaden 8. Bogen zu 8. Bogen aufgeheftet. Das Holz und das ſtarke Schwein-Leder verurſachet, wie leicht zu ermeſſen, das ſich das Buch nicht rucken läſſet, welches eben dasjenige iſt, was man mit ſolchen ſtarken Bünden haben will. Es wird aber doch das Buch ſo ſtark geleimet, und mit Tuch verwahret, als möglich iſt, und ſobald es trocken, der vordere Schnitt ſowohl als der obere

und

und untere gleich beschnitten, alsdann das
Buch, nach des Kaufmanns Andingen gefärbt
oder gesprenget, darauf dasjenige, worauf man
sonsten die Bücher ansezet, nemlich die Riemen,
ganz glatt vom Buch weggeschnitten, als wann
es keine Decken bekommen sollte, ferner die 2.
als vorder- und hintere Pappendeckel accurat so
groß zugeschnitten, als wann das Buch schon
mit Canten formiret wäre, ingleichen ein Stuck
Pappendeckel, in der Höhe erstgesagter Decke
zum Rucken, weiches die Breite des Ruckens
accurat haben muß, alsdann überziehe diese Decke mit Juchten, weisen Schwein-Leder, oder
andern starken Kalb-Leder, doch so, damit zwischen Deck und Rucken etwann eines kleinen
Fingers breit Spatium bleibet, daß die Decke
wohl zugehet, sofort lasse die Decke also offen
und ausgespannt wohl beschwert trocknen; indessen aber capitale dein Buch, und lege hinten
eine Schnur ein, die gegen dem Ruckrn zuruck
stehet, mithin wie ein Pergament-Buch sich an
denselben schliesset: alsdann mache dir von dünnen Schwein-Leder, eines kleinen Fingers breit,
Riemen, wann du Leder hast, fast 2. Span-
nen lang, solche würkle oder drehe zusammen,
wie eine Schnur, doch daß die glatte Seiten
der Nerve so viel möglich heraus bleibet, stich
mit einem grossen Schuhmachers Ort unter die
Bünde durch, und ziehe die von Schwein-Leder gemachte Riemen in gleicher Weite so durch,

daß

daß du keinen Bindfaden, womit das Buch geheftet worden, abſtechen mögeſt, ſodann zeichne die Bünde ab, und ſchlage mit einem Durchſchlag die Löcher in den Rucken, wo die Riemen heraus müſſen; es dörfen aber ſolche über
einen guten Finger breit nicht voneinander ſtehen, ſodann ſtempfle die Decke und den Rucken
nach Belieben ab, ziehe die Riemen durch die
mit dem Durchſchlag gemachte Löcher, richte
die Decke hübſch gleich, damit die Canten einerley Breite haben, maſſen das Buch bleibet,
wie du es jezo gerichtet haſt, darauf preſſe es
ein, ziehe die Riemen an, und binde oder ſchlin-
ge ſie ſo oft übereinander, als es ſich thun läſſet, hernach ſchneide die Riemen an, und ſtecke
ſie in die Löcher, ſo iſt das Buch biß auf das
Anpappen fertig, bey welchem zu erinnern habe,
daß vornen ein Stuck Pappier daran geſezet
werden muß, damit man hinten einen Fals machen kan, indeme ſonſten das Pappier bey dem
Aufmachen losreiſſet: die Alten haben hint und
vornen Pergament vorgeſezet, welches in der
That eine dauerhafte Arbeit abgeben müſſen.

Noch eines darf dir nicht verheelen, zumahlen, weil ich verſprochen habe, ein Arcanum zu
eröfnen, daß dir keine Würme in die Bücher
kommen.

Con-

✻✻✻✻✻✻✻✻✻✻✻✻✻✻✻✻✻✻✻✻

Conversation der Bücher vor die Würme.

Viele nehmen Wermuth, welches zwar ziemlich hilft, folge aber mir, und nehme klein zerstoffenen Alaun, woran guter gleichfalls klein gestoffener Pfeffer gemischet, und zwar zu 2. Theil Alaun einen Theil Pfeffer, streue solchen zwischen Buch und Deck, ja es schadet nicht, wann du auch dein Repositorium überstäubest; es kostet ein Bagatelle, und wird dir unvergleichliche Dienste thun, gestalten ich gefunden habe, daß denen Würmern und Mucken nichts so sehr zuwider ist, als gedachter Alaun.

In soferne aber du deine Bibliothek gar ausser aller Gefahr der Würmer wegen haben wüst, so nimm ein wollen Läpplein, darein streue öfters ganz klein gestoffenen Alaun, mit solchen überreibe in Merzen, Julii und September, nemlich, das Jahr dreymal, deine Bücher derb ab, so wird alles, was Würm zeugen kan, zernichtet, und du hast nicht den mindesten Schaden zu beförchten.

Schließ-

Schließlich sage überhaupt von aller Arbeit,
mache ein jeder, daß er sich eine Accuratesse
und Sauberkeit befleisse und angewöhne: dann
bleiben im Planiren Flecken in Büchern, so sind
sie geschänd; sind im Aufmachen die Runzeln
samt den Ecken nicht wohl ausgestrichen, so bleiben sie, daß man solche 6. 8. und mehr Blätter
weit vorn und hint sehen kan, wo der Schatz
liegt; ja wann das Buch ausserordentlich hart
geschlagen wird, ist es schon öfters an solchen
Orten entzwey gegangen; wird das Buch ungleich geschlagen aus dem Fals, so gibts ein bö-
ses Schlagen zum Heften; wird das Buch ungleich gefalst, so können theils Blätter gar ver-
schnitten, oder binten die Buchstaben mit einge-
heft werden; wird es zum Heften krumm oder
runzlicht geschlagen, so bleibt es ungleich oder
runzlicht; wird das Buch ungleich aufgeheft,
so werden die Bände ungleich; wird im Heften
ungleich nieder gehalten, so gibt es ein übels
Rucken; ist das Buch ungleich geruckt, so kan
es nimmermehr gleich beschnitten noch formirt
werden, ob man schon hie und da helfen kan,
so wird es doch eine verpfuschte Arbeit bleiben,
und einem Bücher-Verständigen gleich in die Augen fallen. An diesen Haupt-Fundamenten han-
get die übrige Accuratesse eines Buches, wie
eine Kette aus verschiedenen Glaichen, darum sey
vorsichtig in allen deinen Thun, und hauptsächlich in deiner Arbeit nicht mit dem Gutgenug ein-

genom-

genommen, denn sonsten wirst du in die Zahl
der elenden Stümpler eingeschrieben, ob du
schon mit den grösten Kosten bist auf eine so-
lenne Art zum Meister gemacht und gesprochen
worden.

Von Kosten der Bände verschiede-
ner Art.

Was nun den Preiß der Bände anbelanget,
ist solcher nach Beschaffenheit der Orte
einzurichten, mithin nicht wohl überhaupt zu ta-
xiren, indessen aber will doch nach Beschaffenheit hiesiger Lands-Art den Preiß hieher sezen,
ich will aber vorhero auch ein Folio von 10.
Alphabeth in Schwein-Leder, nemlich nur die
Nürnberger Bibel samt anderen ansezen, was
sie einen Buchbinder selbst kosten, mit allerley
Zugehör, als Leder, Bretter und dergleichen.

10. Alphabeth erfordern ein Pf. Leim-Leder,
    oder vor 5 kr. Leim   5 kr.
Vor Alaun   1 kr.
Vor Holz zum Absieden und Maculatur zum
    Planiren   4 kr.
4. Bogen Pappier zum Vorsezen   1 kr.

Vor

Vor Schnur und Zwirn zum Heften   2 kr.

Vor Schnitt-Farb, zumahlen wann es Zinnober ist   -   ,   ,   ,   3 kr.

Ein paar Folio-Bretter   ,   ,   5 kr.

Ein Viertel-Pf. Leim   ,   ,   3½ kr.

Vor Tuch überzuleimen und Capitalen samt den Bestech-Zwirn   ,   ,   2 kr.

Vor Leder zu überziehen   ,   24 kr.

Ecken und Gesperr   ,   ,   ,   15 kr.

Vor den Hobel zum Beschneiden, als Ausstossen und Messer schleifen   ,   1 kr.

Vor Stiften zum Anschlagen samt den Nägeln   ,   ,   ,   ,   2 kr.

Vor Pappen zum Ueberziehen und Anpäppen   ,   ,   ,   ,   ,   1 kr.

           Summa 1 fl. 9 kr. 2 pf.

Ein Quart von 10. Alphabethen in Pergament kost das Planiren wie oben angesezt
                        10 kr.

Vor Zwirn   ,   ,   ,   1½ kr.

Vor 2. Bogen Vorsez-Pappier   ,   2 pf.

Vor Leim   ,   ,   ,   ,   2 kr.

Ein halb Pf. Pappendeckel   ,   2 kr.

Farb auf den Schnitt   ,   ,   1 kr.

An Beschnitt-Hobel und Messern abzunuzen und zu schleifen   ,   ,   1 kr.

Vor Pergament   ,   ,   ,   12 kr.

Vor Zwirn und Seiden zum Bestechen   1 kr.

                            Einen

Einen Bogen Pappier zum Füttern • 1 pf.
Vor Stärk-Kleister • • • 1 kr.

Summa 33 kr. 3. pf.

Ohne zu gedenken, was über solcher Arbeit an Handwerks-Zeug zu Grund gehet, welcher beständig zu repariren etwas kostet.

Ein Frantz-Band, als:

Ein Octav in Englischen Band von 3. Alphabeth kost zu planiren • 3 kr.
Vor Schnür und Zwirn • 1½ kr.
Vor Farb auf den Schnitt, zumahlen Zinnober • • • 1 kr.
Vor Pappendeckel • • 1 kr.
Vor Kalb-Leder zu überziehen • 7½ kr.
Vor Leim und Papp • • 1 kr.
Vor Seide und Capital-Pergament und Vorsetz-Pappier • • 1½ kr.
Vor Hobel-Eisen und Messer abzunuzen und zu schleifen • • 1 kr.
Ein halb Büchlein fein Gold zu Ruck- und die Canten zu vergolden • 7½ kr.
Ein Ey zu Eyerweiß • • 2 pf.

Summa 25 kr. 2 pf.

Nun weiß gewiß, daß keinen liederlichen Heller irgend zu viel angesezt habe, will auch
die

die Zeit melden, wie lang ein Mann von mitt-
lerer Geschwindigkeit mit obgemeldter Arbeit
zubringet, als mit der Bibel:

Das Ausziehen zum Planiren, Alaun zu machen, Leim = Wasser abzuseichen, durchzuziehen und aufzuhenken erfordert   2 St.
Das Abnehmen, von Strick aufzumachen, aus
dem Fals zu schlagen, und falsen und einste-
cken, dann Collationiren, die Kupfer einzumachen und einzupressen   ,   3 St.
Zum Heften zu schlagen, Abpressen, Aufspannen, Vorsez = Pappier zu machen, und zu
heften   ,   ,   ,   ,   3. St.
Zu rucken und zu leimen, exclusivè der Trocknung abzupressen, und zu beschneiden, auf
den Schnitt zu färben zu glätten   2 St.
Die Bretter auszustossen einzubohren und an-
zupflöcken, abzurichten, Kästlein zum Clausür-
Riemen einzuschneiden, zu capitalen   2 St.
Das übrige, als Bestechen, Ueberziehen, Schnüren, Abstempfeln, Anzuschlagen und Anzupappen   ,   ,   ,   ,   3 St.
                                    _____
                                    15 Stund.

Mit einem Wort, es hat sich einer wohl
umzuthun, wann er die Wochen 6. Stück
fertig macht, mithin hat man vor seine Mühe, in soferne man eine Bibel, wie an etli-
                                          chen

chen Orten geschiehet, um 1 fl. 30 kr. bindet, täglich 20⅓ kr., welches ein stattlicher Lohn ist vor so viele Arbeit; in soferne das Buch recht gebunden wird, kan kein ehrlicher Mann dabey bestehen, ja wird es auch kein rechtschaffener Mann verlangen, daß du gleichsam weniger als ein Taglöhner verdienen solltest.

Bey einem Quart aber von 9. Alphabeth ist nachstehende Zeit nöthig zu planiren biß zum Aufhenken　•　•　•　•　2. St.
Zu falsen und collationiren　•　2 St.
Zu schlagen, abermahl collationiren und zu heften　•　•　•　•　•　3 St.
Zu rucken und leimen, Abpressen, Beschneiden, auf den Schnitt zu färben oder zu sprengen　•　•　•　2 St.
Zu glätten, anzusezen formiren, bestechen, Riemen zuzuspizen　•　•　1 St.
Pergament zuzuschneiden, füttern und einzumachen, anpappen und einpressen　•　1 St.

11. Stund.

Nun will man hie und da nur 30 kr. vor einen Quart-Band geben, welches bey Bänden die 4. und 6. Alphabeth stark seyn, wenig genug ist, bey dicken Bänden ist es gescheider du feyrest, willt du anderst dein eigen Geld nicht einbüssen.

An

An ein Octav rechne 6. Stund, wann es
Englisch oder in Franzband gebunden wird,
mithin kanst du ersehen, was vor Profit bey
der Arbeit ist; mit einem Wort, wann ein
Buchbinder die Arbeit nicht in Quantität hat,
so kan er ohnmöglich als ein ehrlicher Mann
bestehen, noch weniger etwas vor sich bringen.

Indessen ist auch bekant, wie liederlich ja
nur nach dem Gesicht mancher Meister seine
Arbeit wegmacht, nur daß er wohlfeil arbeiten kan. Ein ehrlicher Mann aber, der die
Leut nicht zu betrügen gedenket, muß neben
einen solchen Pfuscher an Arbeit Noth leiden, wann nur braf Bünde im Heften
überhupfet, oder gar aufgeleimt werden, es
mag halten, so lang es will, wann es nur
aus der Hand ist, so heist es, es ist gut
genug.

Dergleichen vortreflichen Meister habe auch
einmahl gehabt; ich will Ort und Mann
Christlicher Liebe wegen ungemeldet lassen, nur
aber, was allda in der Werkstatt paßiret,
anführen.

Es hat nemlich ein Reichs-Graf 4. in
Pergament gebundene Quart-Bände zu uns
gesandt, solche um, und in Französischen
Band zu binden: mein Herr war so inventiös,
und

und schnitte die Pergament-Bände oben in
der Mitte über den Bund auf, damit überall
die Fäden der Helfte der Riemen-Breite blie-
ben, welches der einzige Halt war, alsdann
hat er nur Vorsez-Pappier vorgesezt, die Bücher geruckt und geleimt, die Bände übergeleimt, und ohne einen Bogen anzuheften verfertiget.

Dieses ist nun eine gottlose Arbeit, ja ein
unchristlicher Betrug, indeme man von aussen
nicht anders gemeinet, die Bücher wären aufs
beste gebunden; ich bin auch bey diesen
Mann nicht lang geblieben sondern bin in
Sorgen gestanden, ich dörfte von seinen
Kunst-Griffen etwas profitiren, habe also
a Dieu genommen, und mein Glück weiter
gesuchet; ja es ist bekannt, daß solche böse
Meister nur die Bücher eingeseegt, wohl geleimet, mithin gar nicht geheftet; anderer
verfluchten liederlichen Arbeit gar nicht zu
gedenken.

Nun folget der rechte und billige Preiß,
daß ein Buch gut und dauerhaft gebunden,
zudem auch ein Buchbinder, als ein ehrlicher Mann, dabey bestehen kan, nachfol-
gend: als

Fran-

Französ. Englische Bände mit Kalb-Leder überzogen, Ruck und Canten mit feinem Gold verguldet.

Ein Median-Folio   •   •   •   3 fl.
Ein gemein Folio dergleichen Band   2 fl.
Ein Median-Quart eben so gebunden 1 fl. 30 kr.
Ein gemein Quart   •   •   •   1 fl.
Ein groß Octav   •   •   •   45 kr.
Ein gemein Octav   •   •   •   30 kr.
Ein Duodez in Median wird zu einem Octav gerechnet, das gemeine Duodez aber wird bezahlt   •   •   •   •   22 kr. 2 pf.

NB. Die Horn-Bände werden obigen in Preiß gleich gehalten.

Die aber in Schaaf-Leder gebunden und doch der Rucken und die Canten mit feinem Gold verguldet werden, ist der Preiß nachstehender massen:

Ein Median-Folio   •   •   2 fl. 15 kr.
Ein gemein Folio   •   •   1 fl. 40 kr.
Ein groß Median-Quart   •   1 fl. 7 kr. 2 pf.
Ein gemein Quart   •   50 kr.
Ein groß Median-Octav   •   36 kr.
Ein gemeines   •   •   25 kr.
Ein Duodez   •   •   20 kr.

Die mit Schaaf-Leder gebunden, und schlecht mit Zwisch-Gold vergoldet werden:

Ein Median-Folio	2 fl.
Ein gemeines	1 fl. 30 kr.
Ein Median-Quart	1 fl.
Ein gemein Quart	45 kr.
Ein Median-Octav	30 kr.
Ein gemein Octav	22 kr. 2 pf.
Ein Duodez	18 kr.

In gut Kälbern Pergament gebundene Bücher werden bezahlt nachstehender massen:

Ein Median-Folio	1 fl. 30 kr.
Ein gemeines Folio	1 fl. 12 kr.
Ein groß Quart	45 kr.
Ein gemeines	36 kr.
Ein grosses Octav	24 kr.
Ein Octav insgemein	18 kr.
Ein Duodez	15 kr.

In Leder oder Pergament Ruck und Eck werden bezahlt:

Ein gemein Folio	48 kr.
Ein Quart	24 kr.
Ein Octav	12 kr.
Ein Duodez	10 kr.

Die

Die Cortuan-Bände haben ihren Preiß.

Ein Folio, als Scriv. Seelen-Schaz 4 fl 30 kr.
Ein Missal in Folio   ·   3 fl. 45 kr.
Ottonis Kranken-Trost in Quart   2 fl. 30 kr.
D. Liths Postill ist ein gemeines Quart · 2 fl.
Ein Octav als Creuzbergs Betracht. 1 fl. 12 kr.
Ein gemein Octav   ·   ·   50 kr.
Ein Duodez   ·   ·   ·   30 kr.

Die Titul auf Pergament oder Ruck-Eck, auch Schwein-Leder-Bände werden a part bezahlt, als vor das Stuck 5 auch nur 4 kr.; an denen Franz-Bänden, und die in ihre Art schlagende, darf weiter vor Titul und Tom nichts angesezt werden.

In Schwein-Leder wird bezahlt:

Ein Regal-Folio 5 biß 6 fl., nach Beschaffenheit der Grösse und Dicke, als die Weimarische und Tübinger Bibel   ·   5 fl.
Ein Medlan-Folio   ·   ·   ·   2 fl.
Ein gemein Folio   ·   ·   1 fl. 30 kr.
Ein groß Quart   ·   ·   ·   1 fl.
Ein gemein Quart   ·   ·   ·   54 kr.
Ein groß Octav   ·   ·   30 kr.
Ein ordinair Octav   ·   ·   24 kr.
Ein Duodez   ·   ·   ·   18 kr.

Leztere beyde werden selten gebunden, indeme kleine Bände gemeiniglich nur in Ruck und Eck oder Pergament kommen.

O 2   Ande-

Andere pretieuse Bände als in Savian über und über, und zwar fein vergoldet, wird ein Folio um 6. Reichs-Thaler gebunden, in Fille-ten-Riß aber um 8 fl. dann sofort nach Beschaf-fenheit der Grösse und Dicke der Bände; in sofern nemlich die Canten auch innen sollen ver-goldet werden, so wird das Gold gerechnet, und dann doppelt so viel vor Arbeits-Lohn gefordert.

Kram-Markt- oder Schul-Gattungen wer-den jedes Orts Gewohnheit nach verkauft, und habe gefunden, wo dergleichen Gattungen wohl bezahlt werden, allda wird auch gemeiniglich gute Waare verfertiget.

Die ausser dem Hauß verfertigte Arbeit wird das Dritttheil höher angesezt, als was im Hauß verfertiget wird, angesehen den Handwerks-Zeug hin und wieder zu schaffen, viele Mühe kostet, auch mit Hin- und Hergehen viele Zeit versäumt wird. Sowohlen die Zuthat der Bände als die Zeit wird jeder, der diese meine wenige Blätter mit Vernunft ansiehet, vor billig hal-ten, und wird mein Preiß-Tax richtig seyn.

Wie kommt es nun, dörfte ein- oder der andere einwenden, daß es so wenige Buchbinder giebet, die bey ihrer sauren und kützlichen Pro-feßion nichts vor sich bringen können, und es ih-nen die schlechteste Handthierung öfters weit zu-vor thut? Dieses hat verschiedene Ursachen, die hauptsächlichsten sind diese:

Erst-

Erſtlich, fällt einen Buchbinder oft vor,
das er in einer Wochen allerley Arbeit bekommt,
als Engliſch, Franzöſiſch, Hornbänd, Schwein-
Leder, Pergament, Ruck- und Eck-Bücher, ja
gar Futteral, von jedem etwa ein Stück, mithin iſt leicht zu erachten, daß jede Arbeit beſon-
ders tractiret werden muß, biß er nun jeden ſeine a parte Zuthat, ich meine Farb, Pappendeckel, Bretter, allerley Leder und Pergament,
und dergleichen, herbey hohlet, und ſolches nach
Art der Bände ſamt den Handwerks-Zeug
hervor bringet, vergehet ein Groſſes der Zeit,
und wann er nach meiner Rechnung es zu über-
ſchlagen nur die wenige Capazität beſitzet, ſo
wird er leicht erſehen, daß der Profit nicht groß
ſeyn kan.

2) Gibt es ſolche Herren Liebhaber, die ſehr
dicke Bände machen, zu dem Ende verſchiedene
Werke zuſammen binden laſſen, der Buchbinder aber läßt ſichs nur ordinair bezahlen, ſo iſt
kein Wunder, wann ein noch ſo guter Meiſter
faſt umſonſt arbeiten muß.

3) Hat oft der Buchbinder ſelbſt Schuld,
daß er die Eintheilung der Zeit nicht wahrnimmt,
auf eines und des anderen Trocknung wartet,
mithin iſt bald mehr verzehrt als verdient.

4) Gewöhnet ſich mancher langweilig, welches ich oft an Geſellen wahrgenommen, dieſe

zum

zum Theil arbeiten vor sich langsam und liederlich fort, sie mögen fertig machen, was sie wollen, wann nur der liebe Sonntag bald kommt,
damit sie ihren Lohn bekommen; es mag derselbe
nebst der Kost verdienet seyn oder nicht. Solche liederliche Leute gewohnen die liebe Langweil,
kommen sie nun vor sich, so gehet ihnen nichts
aus der Hand, und müssen Zeitlebens sich wie
ein Taglöhner miserabel nähren.

5) Trägt auch gar viel bey, wann ein guter
Buchbinder eine üble, oder mit einem Wort,
eine faule Frau bekommt, welch sich zum Planiren, Falsen, Bestechen, 2c. nicht appliciren,
des Falsen und Heften sich entschlagen, und lieber das Spinnen abwarten, als dem Mann
mit Handwerks-Hülf an die Hand gehen will,
bey solchen Umständen ist kein Wunder, wann
der beste Mann nicht vor sich kommen kan.

So viel dermahlen von Büchern und Buchbinden. Sollte ich nun hier und dar was in
der Eyl ausgelassen haben, so versichere, daß
solches in meinem 2ten Theil, so mir GOtt
Leben und Gesundheit verleihen wird, aufrichtig
herein bringen werde, wie schon sowohl in der
Dedication, als sonsten oben erwehnet
habe. Nun schreite zu denen
Futteralen.

Der
nach heut zu Tag üblichen Art wohl
anweisende accurate

Futteralmacher,

welcher lehret,

wie ein Futteral über ein Buch am geschwindesten und besten zu verfertigen ist,

dann

wie die Futterale von gepappten
Zeug zu machen, als über Zahnstührer,
zusammengelegte Löffel ꝛc. und dergleichen,

dann,

wie die von Holz ausgeschnittene, oder
vom Drechsler gedrehete Futterale aus-
zumachen sind:

Ferner,

wie die Fürnisse auf das sicherste
anzusetzen,

alles aufrichtig an Tag gegeben.

Futterale.

Solche sind Behältnisse der Bücher, Gold- und Silber-Geschirr und Geschmeide, auch der Ringe und Juwelen, Uhren, und was dergleichen pretiöse Dinge mehr sind, als Besteck-Messer, einfache Messer oder Löffel, Spiegel rc. Wie nun diese gemacht werden, will dir so viel möglich Anweisung geben.

Weil nun dieses ganze Werk bis hieher von Büchern gehandelt, und wie dieselbe in eben so zierlich, als dauerhafte Bände zu bringen seyn, umständlich gezeiget worden; so erachte vor billig, auch mit Verfertigung der Futterale den Anfang zu machen: Es wird nemlich das Buch in Maculatur-Papier, und zwar darum wohl eingewickelt, damit es aus dem Futteral desto besser gehen und im Hineinschieben nicht so leicht zerspringen möge. Catholische Gebet-Bücher werden dicker als andere eingewickelt,

wickelt, indeme gemeiniglich viele Bilder hineingeleget werden, welche das
Buch um ein merkliches dicker machen.

Wann es eingewickelt, so nimm einen
nicht allzustarken, sondern ziemlich dünnen Pappendeckel, daraus schneide zwey
Stücke in einer Höhe, so hoch als das
Buch ist, und richte die Breite so ein,
auf daß mit solcher das Buch umwickelt
werden kan, und noch eines Fingers
breit überstehet, ich rede dermalen von
einem Futteral über ein Octav, alsdann
schneide den einen Pappendeckel eines
Daumen breit mit einem Linial weg,
den andern Pappendeckel schneide in der
Mitten von einander, und schärfe die
vier Stücke aus, wo sie sich schliessen
sollen, leime mit einem etwas starken
Leim das abgeschnittene daumenbreite
Fälslein an einer solchen halben Seiten
oben gleich an, und überfüttere das gröste Theil dergestalten mit Türkischen-
oder andern bunten Papier, daß die eine
Seiten ganz, die andere aber zur Helfte
überzogen wird, und das Papier auf
beyden Seiten über dem Geschärften etwann Fingers breit heraus stehet; ingleichen überfüttere die halbe Seite, wo
du

du den abgeschnittenen Daumen breiten
Fals angeleimt hast also, daß das Papier oben gleich anstehet, entgegen unten, wo das Fäls!ein nicht ist, mit dem
Futter = Papier überschlagen wird, auf
beyden Seiten aber, gleichwie das erst
Gefütterte, muß das Futterpapier eines
Fingers breit über das Geschärfte hinaus stehen: darauf schneide das Futter-
papier, wo es ungleich ist, ab, mit dem
grösten Theil überschlage das eingewi-
ckelte Buch dergestalt, das das ganz
Gefütterte innen hinein kommen, an
der hintern Canten aber sich schliessen
möge: alsdann reibe es an den Canten
mit dem Falsbein wohl an, daß das Futteral an beyden vordern Canten des
Buchs eckigt wird, wo der Schnitt ist,
bleibt es gleich, und darf nicht eingebo-
gen werden, wie ein hohler Schnitt,
darauf überstreiche beyde Ende des Pappendeckels mit gutem Leim, sodann schlage es vest über einander, reibe es mit
dem Falsbein wohl zu, daß es nicht
aufstehet, alsdann überstreiche das un-
gefütterte Theil ganz mit Leim, und setze
es an den schon übermachten Pappendeckel unten gleich an, so daß es sich vornen

nen an der Canten schliesset: dann wann
du es auch hinten schliessen wolltest,
würde es allda, durch das zweymalige
übereinander legen zu kolbigt werden;
mit dem Falsbein reibe und streiche es
wie das erstere wohl an, sodann überlege und überstreiche die obere Seiten oder
den Deckel, wo es übereinander kommt,
gieb ihme Leim, und überschlage so vest,
als möglich, den Deckel, damit er nicht,
wann das Buch fertig, in die Höhe stehen möge, alsdann presse das Buch aber
nicht stark, sondern nur so ein, daß sich
das Aufgeleimte wohl schliessen möge;
alsdann überstreiche dein Futteral noch
einmal, daß die Canten hübsch scharf
werden, und vornen das Futteral nicht
schef wird, sofort schneide zwey Stück
Papier zum obern und untern Deckel,
daß selbige um und um einen Finger breiter als das Futteral sind, darauf überstreiche dein Futteral oben und unten,
absonderlich auch mit starkem Leim, stelle das Buch oder Futteral auf das Papier, und ziehe es wohl an, doch must
du acht geben, daß das Futteral nicht
schef wird, vor Aufleimung des obern
und untern Deckels kan noch mit Schie-
bung

bung beständig geholfen werden, hingegen wann einmal der obere und untere Deckel mit Papier angespannet, oder
gar aufgeleimet ist, so kan wohl mit
Abreissung des Papiers, und Anma-
chung eines andern geholfen werden,
es ist aber verdrießlich, dergleichen Re-
paration vorzunehmen. Nachdeme du
nun das obere und untere Deckel-Papier
aufgeleimt, und an denen Ecken, auch
hinten, wo es aufstehet, wohl abgeschnitten hast, so schmiere es ganz mit
Leim an, und lege die Deckel darauf,
reibe sie wohl an, und schneide mit einer
Schere das übrige ab.

Es ist auch zu diesem Deckel-Aufflei-
men sehr gut, wann du an statt der
Pappendeckel dünne Späne nimmst,
und leimest die rauhe Seite auf, indeme
sie besser halten, als Pappendeckel: sodann überziehe dein Futteral mit Leder
oder Papier, und zwar die obern oder
untern Deckel am ersten, und hernach
die Seiten, alsdann schliesse es hinten
an die Canten.

Bey allen Futteralen, mithin auch
bey denenjenigen, so auf Leder oder Pergament kommen, mußt du wohl acht
geben

geben im Ausschärfen, daß ja vom Fals
oder der Rauhe des Leders nichts Unge-
schärftes vorsiehet, sondern auf das flei-
ßigste weggeschnitten werde, indeme bey
Futteralen es gar übel stehet, wann man
siehet, wo das Leder zusammen gesetzet
ist. Noch deutlicher zu sagen, so schärfe
alles Rauhe neben herum weg, daß gar
nichts mehr vom untern vorstehet, sondern nur die Nerfe es schließt, wo es zu-
sammengesezt ist, wodurch dann verhütet wird, daß es niemand sehen kan.

Daferne nun das Futteral verguldet
werden solle, wird damit verfahren,
wie mit einem Buch.

Es giebt auch Futterale mit Bünden, welche von hinten wie ein Buch
stehen, und leicht zu machen sind, indeme vor dem Ueberziehen nur Bünde
in richtiger Abtheilung aufgeleimt, und
das Buch nach dem Ueberziehen zwischen
zwey Bretter geschnüret werden darf.

Im Sprengen habe weiter nichts,
als eine Gleichheit zu erinnern, daß
das Futteral nicht auf einer Seiten
licht, auf der andern aber dunkel gesprenget wird.

Die

Die Pergament-Futterale werden auch ausgeschärft, und stehet zu einem rothen Buch ein blau Futteral sehr gut. Wann du nun eines machest, so färbe es am Futteral und nicht a parte wie zu Büchern. Die übrigen Futterale, zu großen oder kleinen Büchern, werden alle nach diesen gemacht, nur daß die Eintheilung nach Proportion genommen wird.

Es gibt auch Futterale, welche, an statt man sonsten gewöhnlich nur zwey Pappendeckel-Stücke dazu nimmt, aus drey Stücken bestehen, wovon nemlich das mittlere Pappendeckel-Stücke zwischen das untere und obere eingeschoben werden muß. Um nun dieses noch vernehmlicher zu machen, so nimm drey Stücke Pappendeckel von gleicher Höhe, und schneide das äusserste Stück davon accurat in der Mitten entzwey: dargegen schneide des mittlern Stückes obern Theil um einen Oerfinger breiter, wohero rühren muß, daß eben dieses mittlern Stückes unterer Theil oder Fuß um so viel kürzer wird; Sodann schneide von dem dritten Stücke, welches insgemein das Fundament genennet wird, eines

nes Zolles breit ab, und überfüttere daſſelbe mit bunten Papier wie ſupra pag.
218. umſtändlicher gemeldet worden.

Bey Stamm- oder auch muſicaliſchen
Büchern, die in der Quer, oder auch
Parter-weiß aufgehen, iſt zu obſerviren,
daß die untere Seite etwas kürzer, als
die obere genommen wird, damit der
Rucken in die Runde geſchnitten werden
kan, hernach wird ein etwas ſtarker Pappendeckel in der Runde herum geleimt,
und alſo der Rucken hingemacht, das
Futter-Papier aber muß, wie an einem
andern zuvor übergeleimt werden.

Das Mundſtück des Futterals wird
auch zuweilen ausgeſchnitten, daß man
das Buch mit den Fingern deſto fügli-
licher herausbringen kan. Dieſes Ausſchneiden geſchiehet, wann das Futteral
völlig fertig, alsdann wird es ausgeſchnitten, und mit ein wenig Leim und
Zinober das Rauhe überfahren. Bey
dem Zuſchneiden aber des Pappendeckels
muß von erſten, als den Fundament,
nichts abgeſchnitten werden, wie bey
andern Futteralen.

Andere ſo mit einem Schub-Deckel
ſo aufgehende Futterale, als über Löffel,

fel, Pinal, Ferngläſer, und was im
kleinen vorkommen mag, werden alle
auf einen Schlag verfertiget, als per
Exemple: du haſt über einen zuſammen
gelegten Löffel ein Futteral zu machen,
ſo ſchneide ein Holz in der Größe des
Löffels, gieb aber wohl acht, daß das
Holz in der Mitten gleich wird, dann
wann es unten, wo der Stiel anfän=
get, dicker iſt, als in der Mitten, ſo
kanſt du das Holz nicht mehr aus dem
Futteral heraus bringen, darum rathe
ich dir, daß, wann du ein Futteral,
über was es auch ſeyn mag, zu machen
bekommeſt, welches einen eingeſchobe=
nen Deckel haben ſoll, du hauptſäch=
lich darauf ſieheſt, daß das Holz ſich
herausziehen läſſet; und wann das Holz
bereitet, ſo überſtreiche es mit ein we=
nig Seife, ſodann leime Papier mit
einem nicht allzudünnen Leim ſechs auch
achtfach zuſammen, nachdeme das Pa=
pier lang iſt, oder das Futteral Stärke
brauchet, oben aber lege auf das ange=
ſtrichene Papier ein Stück Türkiſch oder
Cotton=Papier, daß es etwas über dem
zuſammengeleimten Papier heraus ſte=
het, hernach umwickle das Holz mit

demſelben, und binde es in der Mitten
wohl, daß es ſich nicht mehr verſchie-
ben kan, darauf ſchneide mit einer Schee-
re weg, was zu viel iſt, und umbinde
das ganze Futteral wohl, laß es trocknen, und wann es trocken, ſo wickle es
auf, und ſchneide das allzu hockerigte
vom Papier weg, überraſple es wohl,
daß es überall gleich wird, und ſchneide
oben, wo der Löffel herausgezogen werden ſolle, eine Kappen weg, wo du ver-
muthen kanſt, daß das Holz, ohne dich
viel zu incommodiren, heraus gehen
kan, folglich auch der Löffel wohl aus-
und einzubringen iſt: alsdann ziehe das
Holz heraus, probire den Löffel, ob er
hinein gehet, und nicht ſchlattert. Dieſer Ueberzug wird das Fundament genennet.

Wann alles recht iſt, ſo füttere oben
das Mundſtück mit Leder, oder auch
nur mit Papier, nachdeme es bezahlt
wird; und wann es wieder trocken, ſo
überziehe das Futteral noch einmal ſamt
denen abgeſchnittenen Käpplein, doch
darf das Futter-Papier nicht durch
und durch gehen, ſondern nur den Deckel begleiten: ſonach binde es wieder
wohl,

wohl, und so bald es trocken, schneide abermahlen weg, was allzuhoch ist, überrasple es besser als das erste mahl, damit es recht gleich wird, alsdann schneide, wo der Deckel aufgehen solle, es gleich und vorsichtig auf, überziehe es mit Leder, und färbe es, wie pag. 163. gewiesen, roth, oder mache es, wie es verlangt worden ist. Es können dir aber bey all dieser Arbeit nachstehende Fehler aufstossen:

1) Im Umwickeln kan geschehen, daß etwas Leim zwischen Holz und Futter-Papier, oder auch zwischen Deckel und Fundament kommet. Wann du nun das Holz heraus- oder den Deckel abziehen willt, so hält es an, und will nicht von einander, da wird das Futteral mit einem Hammer wohl umgeklopfet, daß sich das Angepappte losreisset, und man es von einander bringen kan.

2) Wann du den Deckel abschneidest, so kan es leicht geschehen, daß du auch durch das Fundament schneidest: geschiehet dieses, so ist das Futteral hin; Dahero nimm dich wohl in acht; aber bey dem Leder-Aufschneiden hast du dißfalls weiter nichts zu befürchten,

indeme

indeme es dabey keiner Force brauchet,
du darfst dich auch nicht besorgen, daß,
wo das Futteral vor denen Bünden abgeschnitten worden, ich meyne, wo das
Papier mit der Scheer gleich weggeschnitten wird, es nicht aufeinander
hält, wann es trocken, massen durch
das Binden der Leim sich heraus ziehet,
und auf das beste hält; und nach dieser
Art werden alle andere Futterale gemacht. Ich habe schon erwähnet, daß
es hauptsächlich auf das Holz ankomme,
dann wann du dieses recht machest, so
kanst du im andern nicht fehlen.

Die andere Gattungen der Futterale
sind solche, die ins Holz geschnitten, sodann durch des Buchbinders Geschicklichkeit ausgefüttert und überzogen, endlich aber verguldet und beschlagen werden.

Ueber Messer, Gabeln und Löffel
werden die mehresten Futterale gemacht, welches auch eine geschwinde
und recht leichte Arbeit ist, doch must
du mit einer geschabten Wacke, wie
man sie hier zu Land nennet, oder deutlicher zu sagen, mit einer gelb gearbei-
teten Schaafhaut versehen seyn, von

welcher

welcher die Nerven abgeschäben sind,
mithin sich wohl ziehen und dähnen lässet: kanst du solche nicht gefärbt haben,
so nimm nur die p. 163. gezeigte Farbe,
und überfahre sie so warm, daß nur die
Haut nicht von der allzugroßen Hitze
schrumpfe, damit kanst du sie so gut färben, als ein Nestler oder Leder-Färber.
Nach dem Färben laße die Haut wohl
reiben, oder streife selbige auf die Art,
wie die Weisgärber das Leder stollen.

Das Ausfüttern der Futterale geschiehet mit einem starken Leim, und
gehöret nur eine geschwinde und saubere
Hand dazu. Es wird nach dem Ausfüttern neben ausgeschlagen, bis auf die
obere Seiten, an welcher der Deckel angeleimet wird. Die Ausgeschlagene
schneide schregs weg, und glätte mit einem wohl heißen Glätt-Kolben nieder,
darauf leime den Deckel an das Fundament, oder worinn das silber- oder gol-
dene Stücke liegt, überziehe solches mit
Leder, und sodann färbe es, gesagter
maßen.

Was nun das Vergulden darauf anbelanget, hast du hieben kein mehrers
als bey denen Leder-Bänden zu observi-

ren, doch in Ermanglung der Zeit kanst
du nur ein rothgefärbtes Futteral mit
ganz dünnen Leim, und zwey bis dreymal mit dem pag. 134. gewiesenen Eyer-
weis überfahren, jedoch must du es jedesmal wohl trocknen lassen, hernach
mit einer Speckschwarten auftragen und
abvergulden.

Wann du nun ein Futteral über ein
ganzes Dutzent, oder über ein sogenann-
tes Besteck verfertigen willt, so wird
zwar damit auf eben gewiesene Art verfahren, aber bey dem Ausfüttern bey
großen Werken jedesmahlen in der Mitten angefangen, damit auf allen Seiten
das Leder wohl angezogen werden kan,
daß es sich nicht faltet.   Vor dem Ausfüttern visitire wohl, ob es Platz genug
hat, und nicht zu klein ist, indeme das
Leder ein merkliches vom Raum ein-
nimmet.

Viele Futterale werden mit Sändel,
auch Taffet ausgefüttert, hierzu darfst
du nur einen guten Leim haben, und
verfahren, wie pag. 193. stehet, ja wegen des Ausschlagens des Leims dich noch
besser in acht nehmen. Ein solches, oder
dergleichen Futterale mit Sammet auszu-
füttern,

füttern, ist eine ganz a parte Sache. Mir
sind dergleichen verschiedene unter die
Hand gekommen, davon folgendes das
schönste gewesen: Vor ohngefähr drey
Jahren ist eine hohe Generals Dame
allhier gewesen, welche sich über einen
importanten Schmuck von Diamanten,
Creutzen, Armbändern, Heftnadel, Per-
len, Ringe und dergleichen, ein Futteral verfertigen lassen, welches wol zwey
Schuh lang und anderthalb breit war,
und dicht mit grünen Sammet ausgefüttert werden sollte, jedoch daß der
Sammet nicht verdruckt oder runzlicht
würde: Es wurde dahero ein Buchbinder geholet, welcher aber die Unmög-
lichkeit des Ausfütterns vorstellte, und,
an statt des Sammets, Leder vorschlug:
da aber die Frau Generalin solchen ver-
warf, so kam endlich die Reihe an mich,
ich griff es auch mit Freuden an, nach
Art, wie folget: Wo es eine Tiefe
hatte, schnitte ich ein Stücklein Papier, und nach dessen Größe ein Stücklein Sammet, neben herum machte ich
auch einen schmalen Streif, und leimte
also Stück vor Stück ein, dann wann
der Sammet, dessen Haar auf einander

kom-

kommen, dicht angeleimet wird, so schließt
er sich an denen Ecken so gut, als wann
es ein Stück wäre: darauf überzoge ich,
wohl ausgeschnitten, den ganzen Plan.
Wo sich nun die ausgeschnittene Stücke
geschlossen, habe ich verbremet, oder mit
einem guten schmalen Börtlein bordirt,
und das Futteral, oder vielmehr Schmuck-
kästlein in den Stand gestellet, daß niemand ein Stücklein daran wahrgenommen; wie dann die Frau Generalin mir
meine Mühe wohl bezahlt, und damit
aufs beste content gewesen.

Dieses setze ich nur hieher, damit,
wenn du auch dergleichen Arbeit unter
die Hand bekommest, dich darnach zu
reguliren und zu helfen wissen mögest.

Tuch lässet sich auch nicht gut ausfüttern, wird aber selten zu kleinen Sachen gebrauchet: Den besten Dienst thut
hieben ein guter starker Leim, und das
Verbrehmen; dann auf das Ziehen,
wie bey dem Leder, ist sich nicht zu verlassen.

Es gibt über schon gesagte Art noch
vielerley Futterale, als über Kelche,
Monstranzen, ganz silbern oder golde-
ne Bilder an Catholischen Orten: da
kommt

kommt es bey dem ersten auf einen guten
Drechsler oder Treher an, bey denen grosen aber auf einen guten Schreiner, der
wo möglich Linden-Holz dazu nimmt,
daß es leicht wird, und sich nicht wirft.
Ein Kelch wird im Ausfüttern zerlegt,
nemlich der Fuß a parte, und der obere
Deckel ingleichen, wie die beyden Ne-
benstücke jedes besonders ausgefüttert.
Im Ueberziehen laß dich nicht schrecken,
wann du schon viele Stücke machen must,
schärfe sie nur wohl aus, und scharf zu,
damit das untere Rauhe vom Leder der
Nerven nicht vorstehet.

Sollst du aber auf Silber oder Messing, Chagrin und dergleichen leimen,
so gritzle es zuvor wohl, alsdann nimm
Hausen Blasen, schlage sie mit einem
Hammer so hart, daß sie ganz wol-
ligt wird. Dieses Schlagen thut weit
mehrern Dienst als das Kleinschneiden,
dann sie zergehet lieber: siede davon einen Leim mit starken Brandtwein ab,
wann die Hausen-Blasen zuvor im Wasser zersotten, und leime damit auf, was
dir vorkommet.

Es giebt auch Futterale, welche in
beyde Arten einschlagen, als Holz- und

P 5 Papier-

Papier-Arbeit, als per Exemple, über
die Barbier- und Baders-Schnäpper;
diese werden erstens in Holz ausgeschnitten, am obern Deckel werden zwey, drey
ja gar vier hohle Kehlen eingeschnitten,
damit die Lanzetten hinein gelegt werden
können: darauf werden Hölzlein in ge-
sagter Lanzetten-Grösse geschnitten, solche überwickelt, wie oben pag. 225. gesagt, dann nach deren Trocknung solche
wohl überraspelt, und in gemeldte Hohl-
Kehle eingeleimt. Wann es abermal
trocken, wird das untere Fundament
gemachet, wann es trocken, dann auf-
geschnitten, und innen ausgefüttert,
das Leder oder Sammet, mit was das
Futteral ausgefüttert worden, schlage
neben herum aus, an der hintern Seite
aber überschlage ein Stück von dem Ge-
fütterten, damit es gleichsam statt des
Cherniers dienet. Das Ausgeschlagene
neben herum glätte mit einem wohl warmen Glätt-Kolben nieder, dann überziehe das Fundament mit Leder oder
Pergament: wann es trocken, wird es
gefärbt oder gesprengt, und vergoldt,
alsdann wird der Deckel darüber gemacht, und überzogen, dann das äus-
sere

sere vergoldt; diese Art Futterale sind
etwas mühsam, und müssen vor andern
auch bezahlt werden.

Das Futteral-Vergulden kommt in
allen Stücken dem Bücher-Vergulden
bey. Die Art aber wie solche verguldet
werden, kan ich dir nicht so beschreiben,
sondern du mußt dich nach Beschaffenheit deines Stempfelzeugs richten, doch
will bey meinem vorhabenden zweyten
Theil deswegen Kupfer mittheilen, wie
und mit was vor Stempfeln sie verguldet werden.

Eine Frage ist hier zu erörtern, ob
nemlich die Futterale wie ein Buch oder
links aufgehen sollen? ich sage links:
erstlich, damit man einen Unterschied
vom Aufmachen eines Buches hat.
Zweytens ist es commoder, wann man
mit der linken Hand ein Futteral hält,
mit der rechten es aber füglich aufmachen kan. Drittens habe alle Futterale,
die von denen besten Meistern gemacht
worden, so aufgehend befunden; ich
bleibe also bey dem links aufmachen.

Vom

❋❦❋ ❦❋❦❋ ❦❋❦❋ ❦❋❦❋ ❦❋❦❋ ❦❋❦❋ ❦❋❦❋ ❦

Vom Preiß der Futterale.

Was den Preiß der Futterale anbelanget, ist solcher so schwer, ja
noch schwerer als der über Bücher her-
zusetzen, doch will solches, so viel möglich, anzeigen, als:

Ein Futteral über ein langes oder brei-
  tes Duodez in Papier   ⸱   10 kr.
In Leder gesprengt   ⸱   ⸱   20 kr.
In Pergament oder Leder verguldt 45 kr.
Ein Octav-Futteral in Papier   15 kr.
In Leder gesprengt   ⸱   24 kr.
In Pergament oder Leder verguldt   1 fl.

Das Vergulden aber muß also verstanden werden: den Rucken mache mit
Bünden an Leder-Futteral, und vergulde ihn mit Titul, wie einen ordent-
lichen Franzband; die Decke, oder vielmehr Seite, trage auch auf eines queren
Fingers breit mit Gold, daß in der
Mitte, wo es aufgehet, das Gold zweymal oder goppelt neben einander kommt,
dann stempfle es mit einem kleinen Ab-
satz durch Filleten ab, neben herum führe

re ein Diamant-Fillete, an statt der
Canten oder dem sogenannten Capuci-
ner-Strick, oder nur eine Schlänglein-
Fillete; Solche Filleten werden mit einer Punction-Fillete eingefasset, am
Capital aber wird die Franz-Fillete geführet.

Ueber größere Bücher, als Octav,
werden selten Futterale gemachet, geschiehet es aber, so wird nach obern
Ansatz bald eine Gleichheit zu treffen
seyn.

Andere Futterale werden bezahlt,
als:

Ueber einen einschäftigen zusammen ge-
legten Löffel   15 kr.
Ueber ein Scheerlein, Zahnstührer,
Pittschaft und dergleichen eben so
viel.
Ueber ein Paar zusammen gelegte Mes-
ser und Gabel   20 kr.
Ueber ein Fernglaß, nachdem es groß
ist,   15 kr.
Uber einen Zahnstührer   =   12 kr.
Ueber ein Paar Scheermesser   30 kr.

Andere Futterale, welche über verschiedene, ja undenkliche Stücke gemacht
werden, und in diese Art schlagen, werden

den nach Beschaffenheit der Größe bezahlt; Dieser Ansatz ist aber nur zu verstehen von denen Futteralen, welche mit
Leder überzogen, als roth, braun, oder
gesprengt, wie auch in schwarz Leder,
und oben verguldt.

Ein in doppelte Art schlagendes Futteral, als:

Das pag. 234. gedachte Futteral über
   einen Baders-Schnäpper   1 fl.

Größere in diese Art schlagende werden auch theurer bezahlt, nachdem viele
Mühe und Zeit angewendt, und Zugehör verbraucht wird.

Futteral über Messer und Gabel, Löffel
   in Holz ausgeschnitten   45 kr.

Ein Ring-Futteral mit Sammet ausgefüttert, das zu 6. Stücken   40 kr.

Dergleichen zu zwölf Ringen   1 fl.

Eben dergleichen über 18. St.   1 fl 15 kr.

Ein Futteral über ein halb Dutzent Messer, Gabel und Löffel wird bezahlt   3 fl.

Ueber ein ganz Dutzent samt den Tren-
   chirmesser und Gabel, und Vorleglöf-
   fel mit zwey Salzfässern   6 fl.

Wird es aber nicht über und über verguldet   5 fl.

Ueber

Ueber Kelche wird nach Beschaffenheit bezahlt, als über einen kleinen 1 fl. 30 kr.
Ueber einen größern * * 2 fl.

Und so fort, jeder rechne seine Zuthat und Auslage vor Holz, und dergleichen: dann vor jede Stunde, daran
er arbeitet, vier Kr. so wird er zurecht
kommen können, und dem das Futteral
gehört, nicht im Preiß übernehmen.

Die mit Chagrin überzogene Futterale sind freylich, ratione des sehr theu-
ren Chagrins, um vieles theurer, doch
wird selten etwas großes davon gemacht, wird es aber ja verlangt, so muß
es, wie billig, nach dem Werht bezah-
let werden. Mit denen in Savian hat
es eben die Beschaffenheit; nur recom-
mandire ich fein Gold auf lezteres, ansonsten es um den Savian Schade ist,
wann er mit Zwischgold verdorben
wird.

✳✳✳✳✳✳ ✳✳✳✳✳✳ ✳✳✳✳✳✳✳✳

Kupfer und Risse zu füttern und aufzuziehen.

Sonsten bekommt zuweilen ein Buchbinder Kupfer, auch Risse, die auf
Lein-

Leinwand gezogen werden ſollen; damit
verfahre alſo : Spanne die Leinwand
wohl aus, und nagle ſie auf einen recht
gleichen Tiſch oder Brett an, ſodann
überſchmiere ſie etwas dick mit Stärk-
Kleiſter, den Riß aber überfahre mit
einem naſſen Schwamm auf der linken
Seite, laſſe ihn beyläufig eine oder vier
Minuten lang liegen, ſodann ziehe ihn
auf, du muſt aber auch die Runzeln
anzureiben und auszuziehen in der Mitte anfangen.

Daferne aber der Riß auf einen Rahm
geſpannet werden ſolle, ſo überfahre ſolchen ebenermaßen mit einem Schwamm,
daß das Papier ein wenig feucht wird,
ſodann überſtreiche den Rahm mit Leim,
und ziehe ſolchen auf, ſo wird es ſich
wie eine Trommel anſpannen.

Schließlich ereignet ſich auch, daß
bey vornehmer Perſonen Todesfällen
Papier mit Leiſtlein geſchwärzet wird:
da muß das Papier accurat gleich beſchnitten, ſodann Kühnrus und weiſſer
Kleiſter genommen werden, reibe es
wohl ab, und mache es mit Waſſer zu
einem Brey, hernach lege dein Papier
aufeinander, ſo breit deine Fälslein werden

den sollen, also, daß 2. Seiten in der Länge sowohl als in der Breite über-färbt werden. Es muß aber die ange-machte Schwärze so dick seyn, als es möglich ist, nur daß man damit auf-streichen kan, dann wann sie ein wenig dünn ist, so dringt sie ein, und cau-sirte üble ja schändliche Flecken, welche nicht mehr heraus zu bringen sind.

Hiemit hast du, was ich dermalen dir in aller Aufrichtigkeit von Büchern, Farben, und Futteralen mitzutheilen willens war.

Nachdeme aber auch gar wohl weiß, daß ein guter Buchbinder, zumahlen auf Pergament, des Fürnisses nicht entbehren kan, so will dir, wie solcher zu machen, nicht verheelen.

❈❈❈❈❈❈ ❈❈❈❈❈❈ ❈❈❈❈❈❈

Anhang Fürnisse zu machen.

Fürniß auf Leder und Pergament: Nimm 4. Loth Gummi Sandrach vom feinsten, es kostet das Loth 2. kr. ferner 1. Loth hart gesottenen Terpentin, so 3. kr. kostet, thue solche Species in ein Glas, worinne eine Viertel Maas

Spiritus Vini ist, und lasse sie gemächlich zerkochen, wie? findest du gleich unten.

Einen andern.

4. Loth Gummi Sandrach mit acht Tropfen Venetianischen Terpentin angesetzt, unter eine Viertels Maas Spiritum Vini.

Noch einen andern.

4. Loth Gummi Sandrach mit einem Loth Venetianischen Terpentin angesetzt, ist auch ein guter Fürniß.

Indessen merke wohl, daß unter hartem Terpentin, und unter Terpentin, welcher, wie ein fließigtes Pech aussiehet, ein grosser Unterschied ist, Terpentin-Oel aber ist ein ordentliches Oel, und wird wegen des üblen Geruchs wenig genommen.

Fürniß auf Cortuan, Savian, Leder und Chagrin.

Nimm ein Viertels Maas Spiritum Vini 1. und drey Viertels Loth Gummi Sandrach, 2. Loth Lacc und ein Viertels Quintlein Gampfer.

Noch

Noch ein anderer brauner Fürniß,
ſo auf alles zu gebrauchen, auſſer zu denen Bänden nicht, welche mit Silber
abgedrucket ſind:
Spiritus Vini eine Viertels Maas.
Gummi Lacc 1. Loth.
Gummi Benſoe 1. Loth.
Gummi Sandrach 1. Loth.
Das Hauptwerk von dieſen Fürniſſen
iſt der Spiritus Vini, und das Anſetzen.
Was nun den Spiritum Vini anbelanget, muß ſolcher ſo abgezogen ſeyn,
daß wann man Schieß-Pulver in einen
Löffel thut, und den Spiritum Vini
darüber ſchüttet, ſodann ſolchen mit einer hellen Flamme anzündet, und ſolang brennet, bis er das Pulver auf
einen Schlag ohne zu ziſchen anzündet,
ſo iſt er gut, und kan man nicht fehlen.
Was aber das Anſetzen anbelanget,
martern ſich viele entſetzlich damit, ja
es iſt ſchon öfters Feuers-Schaden dadurch verurſachet worden, ja gar Leib-
und Lebens-Gefahr dabey zu beförchten geweſen; Allein dieſes iſt nur von
unverſtändigen Meiſtern und Geſellen
geſchehen.

Ich

Ich will dir aber einen ganz ſichern und geſchwinden Weg zeigen, nach welchem du im Stand biſt, alle obgemeldte Fürniſſe in einer Stunde fertig zu haben.

Ich habe den obern Anſatz durch die Bank nur auf eine Viertels Maas angetragen: Willſt du nun einen von ermeldten Fürniſſen anſetzen, ſo nimm ein Glas, es mag rund oder eckigt ſeyn, wann es nur gleich weit iſt, worein etwann ein Achtelein über das Viertels Mäslein gehet, damit etwas leer ſtehet, thue die Species ganz, ohne ſolche zu zerſtoſſen, (ausgenommen den Gummi Lacc, welcher zerſtoſſen werden muß) in den Spiritum Vini, laß es auf dem Ofen, oder in einem Ofen-Rohr ganz gemächlich warm werden, daß aber ja die Hitze dem Glas auf einmal nicht zu hart kommt; zu dem Ende drehe das Glas öfters herum, damit die hintere Seite voran und das Glas gleiche Hitze bekommt, bis es zu ſieden anfänget, alsdann laß es ſo lang fort ſieden, bis der Sandrach zergangen: hernach thue ihn weg, und laß ihn erkalten, ſo iſt er fertig.

Willt

Willt du nun eine halbe oder gar eine ganze Maas anſetzen, ſo gibt die
Vernunft, daß wo zu einem Viertels
Mäslein 4. Loth Sandrach genommen
werden, zu einer halben Maas 8. Loth,
folglich zu einer ganzen Maas 16.
Loth gehören; und ſo verhält es ſich mit
denen übrigen Specien auch.

Noch eines, ja das vornehmſte hätte
bald vergeſſen, nemlich daß man dem
Fürniß im Sieden etwas Luft laſſen
muß, dann ſonſten das Glas in viele
Stücke zerſpringet, zu dem Ende über-
binde es mit einem Stück Blaſen, darein ſtich mit einer Nadel etliche Löcher,
und laß dich nicht irren, ob dir ſchon
Unverſtändige vorſchwatzen, daß ſich
der Spiritus verrauchet.

Dieſe meine Fürniſſe werden dir alle
Satisfaction geben, und wann es nicht
ſo iſt, ſo halte mich nicht mehr vor einen ehrlichen Mann: Au contraire ich
declarire hiermit, in ſoferne es dir miß-
linget, den Schaden 20. fältig als ein
ehrlicher Mann zu erſetzen, wann du dieſer meiner Vorſchrift accurat nachlebeſt.

Wann der Fürniß erkaltet iſt, ſo muß
er veſt verbunden werden.

Q 3　　　　　　Willt

Willt du aber den Spiritum Vini
ſelbſt abziehen, ſo nimm Vorlauf vom
Brandwein, und thue darein ſo viel
Potaſchen, als es dem Maas nach Brandwein iſt, jedoch laſſe oben im Glaſe ohnge-
fehr 2. Finger breit Spatium, und durch-
ſtich die Blaſe, damit der Spiritus Luft
habe, ſodann ſchüttle ſolchen etliche mal
wohl untereinander, und ſtelle ihn in
die Sonne oder an einen anderen warmen
Ort, und laß es ſich ſetzen, ſo wirſt du mit
Verwunderung wahrnehmen, daß der
Spiritus oben, das abgezogene Waſſer in der Mitten, und die Potaſchen
unten liegt; Dieſes continuire ſo lang,
bis der Spiritus Pulver anzündet:
Will er ſich aber, wegen allzuvielen
Waſſers, gar nicht geben, ſo muſt du
die alte Potaſche ſamt dem Waſſer heraus und friſche Potaſche dargegen hinein
thun, alsdann aber den Brandewein wieder drüber gieſſen, und ſo muß es endlich
gut werden. Haſt du aber Spiritum in
Vorrath, und willt ſolchen aufheben, ſo
thue nur etwas Potaſchen hinein, und
binde ihn wohl zu, ich verſichere, daß
er ſich etliche Jahre aufheben läſſet.

Es

Es iſt mir auch vorkommen, daß
einsmalen in Nürnberg ein wohl geübter
Meiſter einen Fürniß nach meiner Vorſchrift angeſetzet, aber vergeſſen hat,
den Spiritum zu probiren, welcher
auch würklich noch zu ſchwach geweſen,
mithin ſind die Species alle zu Boden
gefallen, und der Fürniß war nichts
nutz. Da er mich nun deswegen zu
Rath gezogen, habe ich ſo viel als 2.
Welſcher Nüſſe groß Potaſche hinein
gethan, ſonach den Fürniß ſamt der Potaſchen, wieder aufſieden laſſen, darauf
er auch wieder ſehr gut worden.

Du wirſt auch wiſſen wollen, was
vor Maas und Gewicht ich durchgängig
verſtanden habe, ſo wiſſe, daß die
Meinung durch und durch vom Nürnberger iſt, angeſehen ſolche allerwegen
bekannt; es kommt auch zumalen bey
den Fürniſſen nicht auf etwas mehr oder
weniger an: dann iſts allzu viel Spiritus, ſo wird der Fürniß etwas dünn,
ſind aber allzu viel Species darinnen,
ſo wird er etwas dick, doch iſt nichts
verdorben, und können beyde gebraucht
werden, ja wann es gar zu dick iſt, ſo
wird mehr Spiritus hinein geſchütt und
Q 4　　　　　wie-

wieder aufgesotten, ingleichen wann er
zu dünn, werden mehrere Species hinein gesotten; wann nur der Spiritus
gut ist, kan weder gefehlt, noch was
verdorben werden.

Noch einen Fürniß besitze ich, nemlich
den Gummi-Copal-Fürniß aus dem
Grund zu lösen, welcher auf Holz,
Pergament, Leder, Papier, Gold
und Silber tauglich, auch Schreiner
und andere Künstler sehr wohl brauchen
können: Nachdeme er aber mich zu erlernen über 50. Rthlr. gekostet, so werde ich nicht zu verdenken seyn, daß ich
ihn nicht hieher setze, jedoch bin erbö-
thig, gegen Einsendung 10. Rthlr. dir
solche aufrichtig mitzutheilen.   Anbey
25. und mehrere Thaler zu garantiren,
daß mein Recept probat erfunden werden müsse.

Lebe übrigens wohl, und wende die
Zeit, so du sonsten mit Spintisiren hät-
test zubringen müssen, soferne ich dir
nicht alles so aufrichtig geoffenbaret hätte, zur Ehre und Lob GOttes an: Der
gebe dir und uns allen nach diesem Leben
ein seeliges Ende.

Regi=

Register.

A.

Q 5

Baum»

Register.

B.

C.

Regiſter.

Fal-

Register.

Register.

Hölz-

Register.

Linial

Register.

Per-

Register.

Rus

Register.

R

Register.

Tituls,

Register.

W.

Register.

W.